Je choisis le miracle

Je choisis le miracle

Pauline Edward

Desert Lily Publications
Montréal, Canada

Titre original anglais :
Choosing the Miracle

© 2014 par Pauline Edward
Publié par Desert Lily Publications, Montréal, Canada

Tous droits réservés
Traduction et révision : Arya Lavallée et Lucie Marois

Couverture : Pauline Edward
Illustrations: Alexander Marchand et Pauline Edward

Extraits d'*Un cours en miracles*, troisième édition, utilisés avec la permission de la Foundation for *A Course in Miracles*, 41397, Buecking Drive, Temecula, CA 92590, USA

Catalogage avant publication de Bibliothèque et Archives Canada

Edward, Pauline, 1954-
[Choosing the miracle. Français]
    Je choisis le miracle / Pauline Edward.

Traduction de : Choosing the miracle.
Comprend des références bibliographiques.
Publié en formats imprimé(s) et électronique(s).
ISBN 978-1-927694-00-8 (couverture souple).--ISBN 978-1-927694-01-5 (kindle).--ISBN 978-1-927694-02-2 (smashwords)

    1. Course in Miracles. 2. Vie spirituelle. 3. Edward, Pauline, 1954-.
I. Titre. II. Titre : Choosing the miracle. Français.

BP605.C68E3614 2014   299'.93   C2014-903790-2
                                                        C2014-903791-0

V1.02

Table des matières

Avant propos vii
Note et remerciements de l'auteure xi
Introduction.. 1
1. En quête de la véritable sainteté 15
2. Faire tomber les portes du Ciel 30
3. Gare à la pointe minime d'irritation................... 38
4. Où est l'amour ?.. 44
5. Voici le temps de la foi 55
6. Combler le fossé 72
7. Les leçons du corps 87
8. Nouveau cap pour un voyage ancien................... 96
9. Au-delà de l'illusion 103
10. L'esprit tranquille... 129
11. Le pardon démystifié 148
12. L'école de la vie... 159
13. Soyons la réponse 175
14. Que Ta volonté soit faite 185
Extincteurs d'urgence en cas d'éruption d'ego............ 197
Un temps pour s'élever....................................... 201
Bibliographie et Ressources................................. 203
Notes sur la traduction....................................... 204
À propos de l'auteure... 205

Avant propos
(De la version originale anglaise)

Pauline Edward m'a contactée la toute première fois en 2010 pour me demander si je voudrais bien faire une critique de son prochain livre, *Leaving the Desert : Embracing the Simplicity of A Course in Miracles*. Elle m'avait trouvé via mon site/blog : www.foraysinforgiveness.com et elle avait immédiatement reconnu en moi une âme sœur qui parcourait la voie du Cours et qui adhérait aussi aux enseignements de son brillant interprète et enseignant, Ken Wapnick. Son intuition était, comme d'habitude, juste. Nous sommes par la suite devenues amies et admiratrices mutuelles. Elle a joué un rôle important en me venant en aide sur le plan de ce monde, mais aussi, et plus important encore, elle a su me fournir une écoute toute en douceur qui m'aide à alimenter ma pratique du pardon et à me rappeler que la seule vraie relation que nous cultivons ici, si nous avons choisi de nous éveiller de l'illusion de la séparation, est la relation avec la partie de notre esprit qui ne s'est jamais endormie. La partie de notre esprit qui connaît notre seule véritable relation est celle dans laquelle nous continuons à nous épanouir dans l'union, éternellement aimant, unis et entièrement fusionnée en paix avec notre créateur.

Pauline, dont les multiples talents incluent une capacité d'explorer sans peur la technologie que j'aurais moi-même préféré ignorer aussi longtemps que possible, n'a pas tardé à me faire adopter Skype. Bientôt nous conversions régulièrement. Nous conversions et nous partagions nos épreuves et nos triomphes d'écriture ainsi que l'enseignement ; mais, surtout, nous échangions sur le processus de correction de nos esprits ; nous partagions également nos impressions sur l'application du pardon façon *Cours en miracles* dans nos vies quotidiennes. Nous vivions ensemble l'apprentissage de nos attirances particulières envers certains intérêts, envers nos préférences, nos jugements, nos opinions et nos envies de trouver des coupables quand nos esprits opéraient avec l'ego. Nous apprenions à nous fier à la mémoire de notre véritable entièreté, laquelle réside dans notre esprit unifié ; celle qui se tient toujours prête à dissoudre les croyances encourageant les entourloupettes que l'ego nous propose en échange de chaque appel lancé vers une vision tendre, au sourire engageant. Bien que nous soyons différentes quant à nos personnalités et à notre manière d'aborder le Cours, je reconnais « et je me réjouis » de trouver en Pauline une compagne de voyage aussi engagée sur le chemin du retour que moi—beau temps, mauvais temps—également désireuse d'attraper les pensées mal guidées, prête à cesser d'être sa propre enseignante et demander une meilleure voie.

Dans son livre précédent, *Leaving the Desert*, Pauline a raconté la lutte qu'elle a dû livrer pour vaincre la confusion de son esprit devant la position métaphysique du Cours stipulant que l'ego, la partie de nos esprits qui croit que nous avons réussi à nous en tirer en vivant dans la minuscule et folle idée de la séparation de notre source, et que notre existence en tant qu'individus voués à notre survie, se déroule dans un univers fictif constitué d'une fragmentation de la forme unique. La révélation étonnante et consistante que le monde dans lequel nous interagissons en tant que corps n'existe nullement en vérité. Le blasphématoire—pour les religions organisées qui vouent leur culte à un dieu dualiste fabriqué à l'image instable de l'ego—idée que Dieu n'a pas créé ce monde et, qu'en fait, Il n'en connaît rien. En creusant profondément dans le texte, dans le Livre d'exercices pour étudiants et dans des enseignements connexes, Pauline a pu partager avec beaucoup d'honnêteté sa compréhension grandissante du système unique de guérison de l'esprit et de pardon du Cours qui enseigne que nous devons devenir responsable de nos soi-disant problèmes relationnels extérieurs pour enfin les ramener à la source, unifié d'esprit, et demander de voir autrement, de sourire, et de partager sa perception d'une entièreté ininterrompue. En chemin, elle a dû confronter sa propre peur de renoncer à l'identité particulière que nous utilisons tous, sans exception, pour repousser l'Amour authentique et inclusif.

Dans *Je choisis le miracle*, Pauline nous offre un aperçu encore plus intime du pardon de ce qui ne s'est jamais produit et de la réalisation que seul Dieu est ; elle est plus rapprochée qu'elle ne le pensait, véritablement éveillée dans l'Amour éternel et parfait, et rêvant tout bonnement d'exil. Elle raconte les nombreux moyens que l'ego utilise pour se joindre à notre voyage vers la pleine conscience en citant avec sincérité des exemples concrets de son vécu. Elle explique le processus crucial du regard avec l'esprit non éveillé « l'ego » et avec l'esprit juste « le Saint-Esprit/Jésus/soit la partie de l'esprit qui s'est souvenue de rire de la pensée culpabilisante qui aurait fragmenté l'entièreté infinie » pour illuminer notre fonction cachée de prouver que nous existons, mais que cela n'est pas notre faute. Et elle nous rappelle que nous ne pardonnons jamais quelque chose de réel ; seulement nos fausses perceptions.

Pauline nous avertit adroitement d'éviter de chercher dans la forme, l'évidence de notre progrès ou son absence, dans nos études du Cours car, en réalité, le Cours nous amène dans la direction opposée « vers l'esprit décideur ». Elle partage également avec nous son dialogue de plus en plus intime avec Jésus ainsi que l'accroissement de l'aide reçue et de la foi dans la véritable capacité d'éveil, juxtaposée à ses observations de plus en plus justes quant aux sournoiseries de plus en plus efficaces de l'ego. Elle exprime aussi sa certitude grandissante que l'expérience de tous ici-bas, « incluant le faux soi avec lequel nous sommes identifiés », souffre de la même idée fausse voulant que nous avons scindé nos esprits, et nous méritons tous de recevoir la compassion d'un guide intérieur aimant.

Ce livre déborde de conseils pratiques destinés au voyageur enthousiaste, mis en valeur par des exemples de la vie courante ; il présente la manière de nous arrêter pour choisir à nouveau la paix intérieure lorsque quelque chose en dehors nous semble trop réel et que notre résistance à voir autrement menace de nous engloutir. C'est un beau livre, indispensable à tout étudiant du Cours sincèrement dévoué à apprendre, à choisir le sourire devant la folie d'avoir des intérêts distincts et savoir que, peu importe l'occasion qui semble se présenter dans nos rêves, nous pouvons choisir la paix.

Susan Dugan
Auteure de *Extraordinary Ordinary Forgiveness*
Janvier 2012

Note et remerciements de l'auteure

Ce livre était près des trois quarts du chemin terminé quand j'ai frappé un mur. Même s'il est apparu comme un très haut mur qui prendrait énormément de temps et d'efforts pour être grimpé, comme il s'est avéré, il fallut simplement que je m'élève au-dessus et que je l'abandonne. Ce défi passager a entraîné un changement de perception qui me laissa stupéfaite, et, en même temps, à me demander quoi faire de ma vie, et encore plus, de mon écriture. Je ne voyais pas comment je pouvais compléter et encore moins publier ce livre. D'ailleurs, il ne me restait plus un mot à dire. J'avais trouvé la paix, et je savais où et comment rechercher la présence de Dieu. S'il ne s'agissait que de moi, je me serais laissée glisser dans cet état merveilleux, contente de savoir simplement que Dieu Est, ici, maintenant. Je ne désirais rien de plus. Je pouvais me trouver un emploi chez un fleuriste, et passer le restant de mes jours dans la simple paix.

C'est ce que j'aurais pu faire, mais j'avais suffisamment de sagesse pour reconnaître que le déroulement de ma vie demeurerait incomplet si je me résignais ainsi, et que mon objectif avait toujours été de travailler avec les gens, et d'écrire. Toutefois, cela ne clarifiait pas quoi faire avec les chapitres déjà écrits, et du matériel qui ne concordait plus avec ma nouvelle perspective. J'ai considéré supprimer le manuscrit au complet et recommencer avec un nouveau projet peut être plus tard. Pendant plus de deux mois, le temps que j'avais mis de côté spécifiquement pour l'achèvement de ce travail, je l'ai mis en attente et j'ai tout simplement laissé se placer ma nouvelle compréhension. Le moment venu, je serais guidée vers ce que je devais faire.

Et je le fus. Tôt, un matin d'automne, je me suis réveillée avec des indications très claires. Autre que l'édition normale, je devais garder intactes les sections que j'avais écrites. Je devais ensuite procéder à décrire les expériences qui avaient mené à mon changement de perception, et compléter le livre comme initialement indiqué, plus ou moins. Je pense que mon cher guide avait été doux avec moi, parce qu'il fallut énormément de travail pour le compléter ! Mais, peu importe. Ce livre a sa place, et je suis heureuse d'avoir apporté une petite lueur d'éclaircissement à mes frères et mes sœurs, même si cela m'a causé quelques moments de peur et de doute.

C'est avec gratitude et amour profond que j'offre cet ouvrage aux membres de notre petit groupe d'études d'Un cours en miracles. Nous avons beaucoup évolué ensemble au fil des années. Un gros merci à Michael J Miller, poète, pour son aide avec la révision du manuscrit, ainsi que pour son poème.

Cet ouvrage existe en grande partie grâce aux commentaires de clients et de lecteurs. C'est dans le partage de leurs expériences, leurs questions et leurs doutes, par l'expression de leur soif de la vérité, et leur désir de paix et d'entièreté que ma propre quête a été alimentée.

Un très gros merci à Alexander Marchand, auteur de *The Universe Is a Dream*, pour les illustrations de ce livre, « sauf l'invitation de l'ego tel que retrouvé au chapitre 10, une petite escapade dans le monde de la créativité de la part de cette auteure », et à ma chère amie, Susan Dugan, qui, dans un moment d'obscurité, m'a très sagement rappelé que l'ego ment, et qu'il ment, et qu'il ment ! Je resterai éternellement reconnaissante envers Monsieur Homer Lin, animateur du groupe d'études d'Un cours en miracles de Banqiao à Taiwan, qui a suivi l'inspiration qui a permis le croisement de nos parcours à un moment très critique de mon cheminement. Lorsque permis, les miracles se produisent dans la forme nécessaire, donc la plus appropriée pour tous les Enfants de Dieu. Merci, mon cher ami.

INTRODUCTION

> Nous allons vers le Ciel et la route est aplanie. C'est seulement si nous tentons de nous en écarter qu'il peut y avoir un retard et du temps perdu inutilement sur des routes épineuses. Dieu seul est sûr et Il guidera nos pas. Il ne désertera pas Son Fils dans le besoin, ni ne le laissera errer à jamais loin de sa demeure. (L-pI.200.9:2–5)

Autant j'ai toujours trouvé du plaisir à écrire, force m'est d'admettre que j'ai eu plus de mal pour achever *Leaving the Desert* que pour tous mes écrits précédents. En réalité, ma résistance à explorer le message radical et sans compromis d'*Un cours en miracles* était tellement aigüe que je ne voyais pas comment je pourrais en arriver à sa publication. Le processus drainait mes forces. Malgré cette résistance, étant tenace de nature, j'ai persévéré et éventuellement réussi à mener le projet à terme. Même si j'étais consciente du rôle de l'écriture dans mon apprentissage et dans ma guérison, l'apprentissage et la guérison survenus autour de mon travail avec *Leaving the Desert* furent parmi les plus éprouvants de ma vie. C'était une sorte de rite de passage spirituel, un défi à surmonter, nécessaire afin d'ouvrir la voie vers l'entièreté.

Quand j'ai terminé le chapitre qui traite de la particularité, chapitre qui semble plaire à mes lecteurs, je me suis retrouvée avec le sentiment clair et une forte impulsion de cesser d'écrire. Devais-je mettre quelque distance entre moi et l'objet de mon expression littéraire? La frénésie de boucler le projet et de m'en éloigner a fait sauter plusieurs sections. Lors de la révision finale, j'ai conclu que tout avait été dit. Ceux qui allaient s'intéresser au *Cours en miracles* devraient chercher leur bonheur dans le gros livre bleu tout bonnement.

Soulagée de cette sombre tâche, j'ai remis le manuscrit à mon réviseur, envoyé des copies pour obtenir des commentaires, et j'ai remis le tout au Saint-Esprit. J'ai alors déclaré que je n'écrirais plus jamais un autre livre, surtout pas un livre pouvant remuer le cambouis des péchés, de la culpabilité et des peurs profondes. Quand poète et étudiant du Cours Michael Miller, alors qu'il révisait le manuscrit, a suggéré que j'avais monté la trame de l'histoire de manière à ce que les lecteurs désirent une suite, je lui ai rétorqué « écris donc ton propre sacré livre! » Sur les dix-huit mois que j'avais mis à l'écrire, j'avais assez souffert de douleurs aux bras, au cou et aux épaules, sans compter la descente aux enfers dans les coins assombris de mon inconscient, je n'avais aucun intérêt à écrire un mot de plus, encore moins un autre livre. Suffit !

Avec le recul, lorsque je me demande comment j'ai pu survivre à cette année si intense (une année personnelle sept dans le cycle numérologique de neuf ans), je reconnais que les événements se sont déroulés exactement comme il se devait. Je ne percevais pas d'alternative. J'avais cheminé sur le bon parcours et dans la bonne destination. Néanmoins, la dernière étape du parcours m'avait donné la sensation de m'être fait tirer la moquette sous les pieds et je n'étais même plus certaine si l'atterrissage avait lieu sur un terrain bien aplani.

Pour la toute première fois de ma vie, je n'avais pas de but clair devant moi, aucune envie inassouvie, aucun plan d'action, ni de liste « à faire » ou de besoin d'accomplir quoi que ce soit. Mis à part les nécessités de base du quotidien qui paraissaient se multiplier dans un monde qui subissait une invasion technologique massive, je n'avais pas d'ambition matérielle pressante. La plupart de mes anciens désirs s'étaient volatilisés, je me sentais dans un nulle part existentiel, sans destination spécifique. Il ne me restait que des rappels évanescents des résidus jonchant les avenues désertées du passé. J'étais trop loin dans l'étude et la compréhension du message

INTRODUCTION

du *Cours en miracles* pour rebrousser chemin, mais, même si mes anciennes croyances s'étaient dénudées de leurs significations et ne me servaient plus, mon nouvel apprentissage devait encore s'établir sur de bonnes racines afin que la saison suivante de ma vie puisse s'épanouir. Le canevas de ma vie avait été repeint ; j'attendais la lumière qui me dévoilerait la suite.

Pendant les semaines tranquilles après en avoir terminé avec le livre, j'ai simplement permis à tout ce que j'avais appris et vécu au cours des mois précédents de se déposer dans mon être. Je recherchais de plus en plus la solitude, le silence, et la tranquillité. Ma nouvelle devise était : plus c'est simple, mieux ce sera ! Je me sentis enveloppée d'un sentiment chaleureux d'abandon paisible lorsque j'ai saisi que le message du *Cours en miracles* est, en effet, simple et pratique, mais plus encore, je détenais là un enseignement que j'allais pouvoir incorporer dans ma vie, peu importe les circonstances. Le Cours était une forme de spiritualité avec laquelle j'allais pouvoir composer. Pour une personne pratique et terre-à-terre comme moi, en voilà un miracle ! J'observais alors les réponses que généraient en moi les échanges au quotidien et ainsi, j'ai pu voir que les plus illustres de mes sombres compagnons de voyage, la peur, la culpabilité, la colère, l'impatience et le sentiment de particularité, commençaient à perdre leur emprise sur moi. La certitude de cheminer avec de puissants compagnons augmentait. La foi s'épanouit pendant que le doute et l'incertitude qui avaient trop longtemps plané sur les bords de ma conscience se dissipaient. J'appréciais chaque occasion de pouvoir regarder et de relâcher les dernières traces d'obscurité, car chaque tache d'obscurité pardonnée révélait plus de lumière.

J'alternais entre des états de paix profonde, surprise parfois par des pleurs de soulagement, et des états de joie devant la voie spirituelle incroyable que j'avais trouvée. Lors de mes promenades quotidiennes, j'écoutais des conférences de Ken Wapnick sur mon baladeur, et je souriais. Je souriais même aux chiens, ces fous baveux au bout de leurs laisses. Il m'arrivait même d'imaginer un compagnon canin lorsque ma chatte Maggie ne serait plus de ce monde.

Sérieuse et réservée de nature, j'étais quelqu'un qui ne souriait pas, surtout pas à de parfaits étrangers, et encore moins à des chiens. Mais j'étais bel et bien en train d'écouter mon conférencier préféré préciser la notion du péché, de la culpabilité, et de la peur, et je souriais, souvent même, j'éclatais de rire. Les voisins durent penser que j'avais perdu la boule, peut-être n'avaient-ils pas tout à fait tort. J'étais libre du besoin de prendre le monde trop au sérieux. Ce fut un soulagement de taille lorsque ce boulet a disparu.

Ouah, ouah.

L'insignifiance du moi que je cultivais aux petits soins depuis un demi-siècle augmentait. La voix du moi déterminé, sérieux, intense, persistant qui m'avait été précieuse pour prendre des décisions et poser des gestes se taisait petit à petit. Le parcours tortueux approchait de la fin. Autrement dit, la quête incessante pour la vérité prenait un cap plus prometteur. Je demeurais, par contre, incertaine des actions et des moyens pour aborder cette nouvelle direction ; souvent, je n'avais plus d'idée précise de qui j'étais, ni de ce que je devrais être. Quoi, à présent ? J'avais toutes ces connaissances et la bonne volonté pour pratiquer cette nouvelle forme de spiritualité, mais ensuite ?

Je voulais comprendre la nature de la prochaine étape en ce terrain inconnu, mais à qui poser mes questions quand j'arrivais à peine à articuler mes sentiments? Le réseautage d'affaires et les consultations m'avaient amenée à échanger avec des milliers de personnes, mais aucune possible à consulter. *Quoi, ensuite ?* Je ressentais le besoin d'en savoir davantage sur ce processus spirituel, sur ses conséquences. J'en ai conclu qu'une seule personne allait pouvoir me venir en aide. Au fil de messages laissés sur nos répondeurs, nous sommes enfin entrés en communication. Ken Wapnick a gracieusement et patiemment répondu à toutes mes questions et surtout à celle qui me préoccupait le plus.

« Et alors ? » demandai-je, désirant comprendre ce que pourrait être une vie vouée à la pratique du pardon et à la poursuite du seul but qui semblait valoir mon attention—l'éveil—pendant que les choses du monde me paraissaient avoir perdu toute signification.

« Alors, cela n'est plus toi, » répondit-il tout simplement.

Vraiment ! C'est si simple.

C'est tout ce qu'il me fallait savoir pour continuer. J'ai réfléchi à ces mots durant plusieurs mois, contemplant l'idée d'être libre du moi auquel je m'identifiais depuis toujours. L'ego, mon compagnon récalcitrant, me rappelait régulièrement que je n'étais pas prête à l'abandonner. *Vraiment, ce ne serait plus toi !* Mais il n'existait aucune pression. J'ai décidé de vivre le processus en paix et dans la douceur. Je serais patiente envers moi-même. Le temps venu, je serais prête à abandonner ce moi et laisser un Moi infiniment plus grand s'y substituer. Le temps venu, je ne serais plus *moi*, et plus j'y réfléchissais, plus cela me paraissait une bonne idée. En réalité, cela voulait dire que le temps faisant aussi partie de l'illusion et n'a donc jamais été, le « moi » auquel je m'accrochais, n'avait nullement été lui non plus. La conclusion est que le Soi qui demeure reflète l'Unité de Dieu, le Soi qui inclut tous les « Soi », le Soi dans lequel vous et moi nous nous joignons et ne faisons qu'un. Malgré que mon but me semblait irréaliste, c'était désormais l'expérience recherchée. Une nouvelle destination s'est inscrite sur la carte routière de ma vie.

Vers la normalité

Je crois qu'il m'aurait été facile de m'enfoncer et de m'engager encore plus dans ce nouvel état de grâce spirituelle, mais je savais également que j'aurais à revenir dans le monde réel, ou peut-être plus justement, le monde du rêve. Les comptes s'accumulaient et les fournisseurs ne voyaient pas les sommes dues comme des illusions. Je devais revenir à ma pratique de consultation. Les mois passés à écrire ayant amoindri les ressources, il était donc temps de dire au revoir aux jours de contemplation. Je me mis à finaliser la publication de *Leaving the Desert* et j'ai repris ma vie normale, tout au moins, ce qui était normal pour moi en tant qu'astrologue qui participe poliment à des activités de réseautage avec des agents d'immeuble, des « coachs » d'affaires et des planificateurs financiers, tout en sachant au fond de moi que tout n'est que le résultat d'une minuscule et folle idée. Soyez normaux, nous enjoint souvent Ken Wapnick. Ma tentative de normalité consista alors à renouveler mon abonnement à la Chambre de Commerce, à m'inscrire à des déjeuners et à des cocktails de réseautage, et à lancer une session de coaching en groupe pour écrivains.

Bien que la vie ait repris un semblant de normalité, je continuais à me sentir déconnectée. Je n'étais nullement pressée. Il semblait que j'étais arrivée à adopter une attitude de détachement envers presque tout ce que je faisais. Cela n'était pas « normal » venant de cette personne motivée et bûcheuse qui avait jadis habité ce corps. À part payer les comptes, j'avais très peu d'intérêt pour les affaires de ce monde. Alors que tout autour de moi semblait accélérer, j'avais rétrogradé en deuxième vitesse, juste assez lentement pour maintenir les choses en bon état. Je simplifiai mes pratiques d'affaires et ma vie personnelle au maximum et je vivais un jour à la fois. Mais, plus je me concentrais sur les affaires de la vie ordinaire, plus je désirais m'en éloigner. J'imaginais abandonner ma pratique d'astrologue, prendre un emploi à temps partiel peut être même chez un fleuriste. Je disais alors « je désire aller vivre dans un arbre »! Lorsqu'un fleuriste a ouvert son commerce dans mon quartier, je me suis dit que c'était un signe ; je pourrais toujours postuler. J'avais une option.

Ce n'est pas que j'aie voulu cesser de voir mes clients ; c'était surtout que je ne savais plus comment travailler avec mes outils habituels. Ou peut-être, je ne savais plus comment être auprès de gens qui croyaient que leur vie était causée par des forces externes telles les transits planétaires ou les nombres. De ma nouvelle perspective, je comprenais que les circonstances de nos vies sont le reflet de notre désir de séparation ; elles ne sont nullement l'effet d'une pensée extérieure à nous. En réalité, la totalité du cosmos et toute la symbolique que nous lui attribuons sont aussi une projection de la pensée de séparation. Rien à l'extérieur de nos esprits n'a causé le monde ; toutes nos prétendues expériences découlent de notre désir de maintenir intacte cette croyance.

Parfois, j'avais le sentiment de ne pas pouvoir aider mes clients parce que je n'arrivais plus à soutenir leur croyance que la douleur et le malheur perçu dépendaient de sources externes, un conjoint cruel et insensible, un boulot misérable et insatisfaisant, ou un corps usé. Je ressentais leur douleur, leurs peines, et leurs peurs ; je voyais l'obscurité de leur confusion, et je reconnaissais que leur chagrin était le fruit de leur croyance profondément enfouie en la séparation. Plusieurs croyaient que si l'on vivait bien, la bonne vie devait suivre. Selon cette logique, quand il y aura suffisamment de bonnes gens, le monde deviendra l'endroit formidable qu'il est censé être. Comment aurais-je pu leur dire qu'aux confins les plus sombres de leurs esprits, ils croyaient être la demeure du mal, des ténèbres et du péché, que le monde n'était que le reflet de cette croyance et ainsi il ne pourrait jamais être un lieu de paix ?

J'oscillai plusieurs mois entre les pôles de mon existence : mon travail avec le Cours, sur lequel je ne pouvais pas compter pour payer les comptes, et mon boulot d'astrologue, qui payait les comptes, mais avec lequel je me sentais limité dans l'expression de mon nouveau savoir. Ma situation en était aussi un reflet : je vivais alors la dualité du moi séparé en tant que corps dans le monde, et, cependant, j'avais commencé à me souvenir de l'existence d'une autre partie de l'esprit qui sait qu'il n'y a que l'état de parfaite unité et d'entièreté qui soit vrai.

Le Cours nous enseigne qu'aucune hiérarchie n'existe parmi les illusions, qu'il n'y a aucun ordre de difficulté parmi les miracles, et que nous devrions les considérer comme tous semblables. Je savais bien qu'en travaillant chez un fleuriste, les difficultés n'allaient pas disparaître et qu'elles prendraient simplement d'autres allures. Alors je me mis à m'exercer à voir mes frères sans jugement et j'appris à aborder leurs questionnements avec bonté, compassion et compréhension, et surtout avec respect pour là où ils se trouvaient dans leur cheminement personnel. Je devins habile à détourner les questions qui traitaient des causes et des circonstances et je me centrais sur une écoute permettant d'aider de la manière la plus appropriée. Il arrivait parfois que le besoin exprimé était simplement d'être rassuré qu'il y ait toujours l'aide requise lorsqu'on est prêt à la recevoir. Cette croissance d'ouverture et de compassion fut récompensée par de puissantes intuitions et une meilleure capacité à aider.

Ce qui est intéressant, mais probablement pas surprenant, c'est que ma pratique a commencé à changer lorsque les lecteurs de *Making Peace with God* et *Leaving the Desert* se sont ajoutés à ma clientèle, cherchant des consultations de la perspective du Cours. Ceci a injecté un nouveau souffle dans mon approche et il s'en suivit que les consultations devinrent de meilleurs échanges. Je n'aurais pas dû être surprise, mais la majorité des gens étaient aux prises avec l'application pratique du Cours dans leurs vies. Le plus mystérieux demeurait pour tous, sans exception, l'idée que le monde est illusion, ce qui m'avait aussi causé beaucoup de questionnement. Qui étaient en réalité ces soi en apparence séparés dont les expériences leur paraissaient très réelles ?

Poussée gentiment vers l'écriture

Peu après ma déclaration d'indépendance de l'écriture, ayant remplacé ces heures par des travaux quotidiens, des courses, la tondeuse, des activités que je trouvais agréablement monastiques dans leur simplicité, sans but, j'ai réalisé que sans livre à écrire, je me sentais perdue. Depuis à peine deux semaines, j'avais remis *Leaving the Desert* entre les mains de l'éditrice et, un matin, au réveil, il m'est venu très clairement l'idée d'écrire un autre livre. Non, pas possible! Pas un autre livre. Mais la voix qui me guidait ainsi était forte et claire. Dans ce nouveau livre, je devais reprendre les thèmes mis de côté dans le plan initial de *Leaving the Desert* et explorer davantage les questions pratiques qui portaient sur la vie au quotidien du message d'*Un cours en miracles*.

Introduction

Malgré ma promesse sincère de ne plus jamais écrire au sujet du trio terrifiant péché, culpabilité et peur, j'étais enthousiaste devant mon nouveau projet littéraire. Je n'arriverais probablement jamais à éradiquer l'écriture de ma vie, ma compagne de toujours ; c'était une condition chronique. Je me suis installée à l'ordinateur, j'ai sorti les dossiers pertinents et j'ai sommairement rédigé un plan, j'ai ensuite transporté mon projet sur la table de la salle à manger, un de mes endroits préférés pour écrire. La conception achevée, je ne me suis pas mise à l'écriture dans l'immédiat ; le doute persistait sur la pertinence d'en dire plus. Je laisserais le canevas en gestation, et cela me convenait très bien. Ce qui était important, c'était de savoir qu'il y avait un projet sous la main, à reprendre quand le désir d'écrire referait surface. J'avais une fonction à remplir dans ce monde. En tant que personne d'action, cela indiquait qu'en réalité, ma vie reprenait son cours normal.

Sans travailler directement à la rédaction du livre, je prenais note de certaines réflexions et expériences personnelles pertinentes ainsi que de questions que me posaient mes clients et des étudiants du Cours. Ce qui est intéressant c'est que très souvent leurs questions traitaient des thèmes exclus dans l'original de *Leaving the Desert* ou des sujets que j'avais notés dans mon journal. Presque à chaque fois, ce genre de requête me parvenait au moment où je remettais en question le besoin d'écrire un autre livre. Les semaines devinrent des mois et j'oscillais toujours entre le désir d'écrire et l'idée que tout avait déjà été dit. Encore une fois, mon état reflétait l'esprit divisé en moi : parler ou garder le silence. Le combat intérieur de vérité versus illusion se manifestait dans mon quotidien et se faisait entendre.

Tout juste avant le début du nouvel an, j'ai eu la visite de la clairvoyante Lisa LaJoie. Nous étions devenues bonnes amies depuis notre première rencontre telle que racontée dans l'Introduction de *Leaving the Desert*. Encore une fois, sans l'avoir activement recherché, j'allais être guidée par Jésus à travers la médiumnité de Lisa. Le message du jour m'indiquait la voie du partage. « Ta nature est faite pour partager, même si tu es aussi une ermite » commença-t-elle.

Lisa a reçu une vision de Jésus et Buddha assis dans un arbre flottant au-dessus du sol. « Tu es un arbre aux racines et aux branches au-dessus du sol, libre d'avancer. Le choix n'existe que dans l'état séparé. Tu vas vivre sans avoir à choisir ; sur l'arbre, il n'y a plus de choix. Choisis de ne plus choisir ; recherche seulement le savoir. Dans l'état de savoir, tu agis différemment, mais tu peux avoir tes propres pensées. » Cette imagerie était d'autant plus intéressante que lorsque je trouvais le monde trop compliqué, je disais vouloir aller vivre dans un arbre.

En dépit de ma préférence à garder un profil bas, on m'a conseillé de procéder sans peur pour partager mon expérience, ainsi que mon amour pour Jésus. « Partage tes connaissances de notre vraie nature. Tu commences une nouvelle facette de ton vécu. Cesses de te retirer. Vivre ce que le Cours enseigne est une réalité pour toi, Jésus existe, » me dit-elle avec emphase. « L'humanité est confuse ; n'aie pas peur d'exprimer ton vécu. Observatrice, tu ne l'es désormais plus. Tu as une place qui t'appartient. Elle part de l'intérieur. Le Cours t'a amené à questionner et à choisir. Dans ton livre, pose des questions. Utilise l'interrogation pour partager davantage. » Voilà qui est intéressant, car j'avais effectivement commencé à noter mes observations sous forme de questions à explorer. « Partage son amour dans la communauté ; c'est en l'acceptant que viennent réconfort et force. » Le réconfort et la force nécessaires me seraient accordés, me rassura Jésus, car j'avais accepté de faire le voyage avec lui. « Cesse de parler de retourner au Ciel. Sache que tu y es déjà. Voilà le miracle. » Bien que j'aimais l'idée derrière ces paroles, je croyais que j'étais encore beaucoup trop loin de mon but pour abandonner ma quête. Le fait de savoir que j'étais déjà chez moi s'avérait plus facile à dire qu'à faire, du moins de mon point de vue limité, encore rattaché à mon ego.

J'ai depuis toujours été un peu méfiante du « channelling », en même temps, je reconnaissais la voix de Jésus dans les paroles de

Introduction

Lisa. L'expérience de pur amour que nous partagions en sa présence n'était décidément pas de ce monde. Par contre, cette fois-ci, je me suis demandé si la transmission avait été brouillée. Lisa n'était pas étudiante du Cours lorsqu'elle m'a dit que la vie consistait à reconnaître l'état de grâce dans notre choix de venir ici, et que ma vie se centrait sur la guérison du chagrin d'avoir été incarnée en forme humaine ; le miracle de l'âme qui anime le corps ; l'acceptation de posséder une âme et un corps, les deux ayant leurs sources dans la vie intérieure, j'ai tout simplement conclu que ces interprétations étaient dues à son inexpérience avec la métaphysique du Cours. Le corps fait partie du monde, et donc de l'illusion. Je ne pouvais certainement pas accepter de célébrer le miracle de l'âme qui s'incarne !

Une autre partie de cette session de « channelling » me troublait. « Il y a plus encore à être révélé, au-delà du Cours, à propos du voyage, à propos de notre expérience ici. Je reviendrai lorsque ce sera le temps. Est-ce que vous comprenez que Dieu est ici ? Que je suis ici ? Dans la densité de ce monde ? La façon dont vous approchez le Cours mène à la séparation. Ce livre en dit beaucoup plus. Il s'agit de choix. Ensuite vient la notion de vivre dans le savoir. »

Il est vrai que j'estimais particulièrement le Cours ; peut-être l'avais-je même rendu spécial, et, oui, bien spécial. Mais qu'il y ait *plus* encore que ce qui avait été dit dans le Cours ? Que Dieu ou Jésus étaient *ici*, dans l'illusion ? De cela, je n'en comprenais pas le sens. Beaucoup avait déjà été dit sur la vie dans le monde, dans un corps, mais moi, j'aspirais à l'éveil du rêve, à quitter mon corps et enfin le monde. À quel endroit je me rendrais par la suite demeurait un mystère. Je ne comprenais pas tout à fait le message, j'avais confiance qu'en temps et lieu je comprendrais.

Si le « channelling » de Lisa n'avait pas réussi à m'encourager à continuer d'écrire, il y avait les courriels de mes lecteurs qui m'indiquaient aussi de poursuivre. Une lectrice m'exprima sa tristesse d'achever *Leaving the Desert*, l'ayant savouré lentement pour ne pas se retrouver sans lecture. La majorité des gens exprimaient leur attente du prochain livre. Ils me signifiaient que le ton personnel était non seulement fort apprécié, mais très utile. Les lecteurs appréciaient mes expériences, ils partageaient les mêmes douleurs et les joies, la quête de l'entièreté, et le sentiment d'espoir, quelles que soient leurs origines ethniques ou culturelles.

Alors encore une fois, j'ai commencé à reprendre l'écriture au sérieux : quel ton donner à mon introduction, quelle voix adopter? Est-ce que je voulais continuer à m'adresser aux lecteurs en utilisant la première personne ou alors, devais-je utiliser une troisième personne plus impersonnelle ? Je ressentais un besoin croissant de m'abstraire de mes écrits. L'auteure de mes livres, le personnage du rêve, perdait pied dans mon esprit pendant que le rêveur du rêve en moi partait d'un nouveau point de vue, choisissait une façon de voir plus entière et plus paisible, ce qui me plaisait beaucoup.

J'ai fouillé dans mes étagères pour trouver des idées sur les styles d'écriture et les voix narratives, notant que Thomas Merton avait continué de narrer à la première personne longtemps après la parution de *The Seven Storey Mountain*. Ce débat intérieur dura plusieurs semaines et reflétait encore l'état divisé de mon esprit : écrire à la première personne ou à la troisième ; être visible, ou me rendre invisible. Finalement, j'ai décidé de continuer dans la voie habituelle, celle aussi que mes lecteurs voulaient encore entendre. Je fus ainsi guidée et bien entendu, il s'agissait de la solution la plus naturelle.

Cesse de te retirer. Sois sans peur quand tu partages ton expérience.

Une fois cet obstacle surmonté, un autre est apparu. Jamais à court d'idées pour dégoter des projections, le combat intérieur avait fureté une nouvelle échappatoire. Dans les mois précédents, j'avais observé une croissance importante du nombre de livres publiés autour du *Cours en miracles* et de bons livres. Le monde avait-il réellement besoin d'en accueillir encore un ? Je me suis rappelé de mes centaines d'heures d'écoute de Ken Wapnick, de mes huit lectures de *Et l'univers disparaîtra* de Gary Renard et comme à chaque écoute ou à chaque lecture, ma compréhension avait grandi, même de peu. Parfois, c'était ces petites brides de compréhension

Introduction

qui s'avéraient les plus significatives, comme, par exemple, en lisant le merveilleux livre de Alexander Marchand, *L'Univers est un rêve*. Qui aurait pu s'imaginer pouvoir arriver à une meilleure compréhension du Cours en parcourant une bande dessinée ?

J'avais compris que le fait de varier nos outils d'apprentissage pouvait être très utile. En fait, alors que la répétition pouvait aider à établir les connaissances de base, il était également vrai que l'ego pouvait parfaitement manigancer des objections rusées et des résistances sournoises à l'apprentissage, une leçon difficile que j'apprendrais sans détour. Se laisser enseigner la même chose d'une manière radicalement neuve pouvait être très utile pour mettre l'ego hors jeu. Alors, j'en conclus qu'il y avait peut-être bien une toute petite place dans les bibliothèques du monde pour un livre de plus sur le Cours.

Encore un combat apaisé, je remis le tout entre les mains du Saint-Esprit, ayant confiance que je sentirais le moment de m'y mettre. Au fil des jours, mon esprit divisé se mit à se défendre en me suggérant de n'être pas assez spirituelle pour poursuivre dans cette voie, encore moins pour écrire un autre livre sur la spiritualité la plus importante du siècle. Gary Renard n'avait-il pas caractérisé *Leaving the Desert* comme étant parmi les livres spirituels les plus pratiques ? Je me faisais des illusions ! Peut-être que j'étais trop pratique ?

Mais Jésus nous répète à maintes reprises que le Cours est très pratique. Cela ne peut en être autrement, sinon, comment arriverions-nous à étudier et à pratiquer un enseignement voulant qu'il n'y ait pas de monde et que ce que nous voyons est l'image extérieure d'une condition intérieure, encore inconnue de nous ? En revenant dans la normalité du quotidien, j'ai réalisé que je suis bel et bien une personne pratique. Il n'est donc pas du tout surprenant que mes écrits le reflètent. Optant encore pour un credo de simplicité, j'ai remis la chose entre les mains du Saint-Esprit en me disant que je me réveillerais un bon matin en sachant quoi, comment et quand débuter l'écriture de mon prochain livre, si en réalité, tel est ce que je devais faire.

Un joli matin printanier pendant que ma conscience remontait tranquillement des rêves du sommeil au rêve de l'état de veille, j'entendis une onde musicale joyeuse et une voix, la mienne en l'occurrence : *Dieu, me voici !* Dans cet instant, tout m'est devenu clair comme l'eau de roche. Je me suis souvenu de la leçon lue la veille dans le Livre d'exercices pour étudiants. *J'ai confiance en mes frères, qui ne font qu'un avec moi*, je me suis levée, j'ai préparé un café, attrapé un muffin, et je me suis assise pour écrire. L'écriture allait continuer à faire partie de la guérison de mon esprit, car elle exigeait que je regarde dans le plus profond de mon esprit, et plus mes schèmes de pensée étaient simples et logiques, plus ma compréhension devenait profonde. Le fait d'écrire maintenait présent le message du Cours dans mon esprit, quoi qu'il advienne dans ma vie. Je savais où aller puiser. Puisque nous sommes unis d'esprit, j'allais écrire avec mes frères et mes sœurs qui cheminent avec moi, avec mon style habituel, personnel et pratique, une approche que je souhaitais utile pour tous. Et c'est ainsi que j'ai entrepris cette autre étape de mon voyage avec vous, lectrices et lecteurs, en approfondissant notre compréhension et en amoindrissant notre peur qui, en réalité, n'est que le fin brouillard qui voile la vérité logée en nous.

> Mon frère, tu fais partie de Dieu et partie de moi. Quand tu auras enfin regardé le fondement de l'ego sans reculer, tu auras aussi regardé le nôtre. Je viens à toi de la part de notre Père pour tout t'offrir à nouveau. Ne le refuse pas afin de garder cachée une sombre pierre angulaire, car sa protection ne te sauvera pas. Je te donne la lampe et j'irai avec toi. Tu ne feras pas ce voyage seul. Je te mènerai à ton vrai Père, Qui comme moi a besoin de toi. N'est-ce pas avec joie que tu répondras à l'appel de l'amour ? (T-11.in.4)

1. EN QUÊTE DE LA VÉRITABLE SAINTETÉ

Tout ce que nous avons besoin de faire, c'est d'entraîner notre esprit à passer sur tous les petits buts insensés, et de nous souvenir que notre but est Dieu. (L-pII.258.1:1)

Pas pour le commun des mortels

Quand j'étais jeune, je croyais que la sainteté était réservée à un très petit nombre d'âmes pures. Du point de vue catholique, la sainteté appartenait à ces élus de Dieu qui, pour la plupart, avaient énormément souffert et avaient été sacrifiés, en insistant sur la souffrance. En fait, la souffrance semblait être une composante essentielle de la sainteté, et, étant donné ma compréhension limitée des choses théologiques, en plus d'une aversion naturelle envers la souffrance, il m'était impensable d'entrevoir que la sainteté soit à ma portée, moi, pécheresse ordinaire. C'était clair qu'avec mon tempérament plus hédoniste que saint, je ne me voyais pas suffisamment motivée pour endurer les souffrances requises à la sanctification.

Toujours prête à relever les défis soi-disant impossibles, j'ai toutefois noté une curieuse attirance pour cet état qui me semblait sublime, quoique probablement inatteignable. Au fil des années, j'ai appris qu'il avait existé quelques catholiques véritablement inspirés, ainsi que de nombreuses âmes en provenance d'autres religions et d'autres voies spirituelles dont la sainteté n'était pas fondée sur la souffrance. Ce fait avait maintenu ma curiosité malgré ce qu'on m'avait enseigné. Ainsi, je n'adhérais pas entièrement à l'idée que la sainteté n'était pas accessible au commun des mortels. Si Dieu était juste, alors la sainteté appartenait à tout un chacun ; en tant que Créateur et Père, Il aimerait ses enfants indistinctement et tous Ses enfants seraient saints sans exception.

Après quelques années d'études du Cours, j'ai pensé qu'il serait bon de relire quelques ouvrages qui avaient inspiré les débuts de ma quête de vérité. Les messages de ces livres étaient, à l'époque, bien au-dessus de mon niveau de compréhension, ils avaient néanmoins servi à alimenter la flamme de ma quête. Saint-Jean de la Croix, Sainte-Thérèse d'Avila, Thomas à Kempis, Ramana Maharshi, je reconnaissais le fait que malgré les directions que prennent nos routes, le désir d'un rapprochement avec Dieu est une mémoire d'un souvenir que nous partageons tous, le souvenir profondément enfoui de notre état d'unité dans le Royaume des Cieux. C'est un appel qui transcende l'histoire, l'éducation, la culture ou la tradition religieuse, un appel qui est au-delà des mots et du langage. C'est cette étincelle de souvenir qui nous anime pour remettre en question la véracité de notre séparation d'avec le Père et allume notre volonté de connaître ce que nous sommes en réalité, tel que Dieu nous a créés.

Venkataraman n'avait pas seize ans lorsqu'il se sentit appelé. Élevé dans le confort d'une famille de la classe moyenne, il pratiquait plusieurs activités de plein air et sportives, tout en étant bon élève. Un jour il croisa un parent âgé tout frais revenu d'un voyage à Arunachala, lieu qu'il estimait mythique et sacré. Dans son livre *Ramana Maharshi and the Path of Self-Knowledge*, Arthur Osborne raconte l'histoire de comment le jeune sage fut appelé à l'éveil : « La réalisation soudaine que la colline sacrée est un lieu véridique et tangible sur la terre où des pèlerins pouvaient se rendre fit tellement d'effet sur Venkataraman qu'il ne put que bégayer bêtement : *Quoi, Arunchala ! Où est-ce ?* » Quelque temps après cette rencontre, le jeune Venkatamaran lut le Periapuranam, la vie des soixante-trois saints Tamil. La beauté, la foi et la ferveur qu'avaient exprimées ces personnes bénies l'inspirèrent à tel point que sa vision du divin ainsi que son regard sur la vie furent transformés à jamais : « Quelque chose de plus vaste que tous les pays imaginaires, que n'importe

1. En quête de la véritable sainteté

quelle ambition, lui était révélée comme étant du domaine du possible et cette révélation le remplit d'une gratitude la plus totale. » Il fit l'expérience « d'une vague de joie bouleversante lorsqu'il perçut que le Divin pouvait être manifesté sur terre. »

Tout ce qui avait eu de la signification pour le jeune écolier s'effaçait pendant qu'il se retrouvait de plus en plus fréquemment à glisser dans des états de conscience paisibles qui transcendaient son corps et son esprit. Il atteint l'éveil en quelques semaines seulement, une expérience qu'il a décrite ainsi : « Des vagues d'émotion m'ont envahi alors que je ne faisais rien de particulier. L'âme avait lâché son emprise sur l'idée selon laquelle nous sommes un corps et était en quête d'un nouvel ancrage ; ainsi les visites fréquentes au temple et les effusions de l'âme en larmes. » Ce qui est intéressant c'est qu'il n'avait jamais démontré d'intérêt envers quoi que ce soit de nature spirituelle ou religieuse. C'était tout simplement pour Venkataraman le temps de se réveiller, un jeune homme qui fut ensuite reconnu comme Sri Ramana Maharshi, un homme saint qui passa par le monde pour nous montrer le chemin.

Malgré mon manque de sophistication théologique, ou possiblement à cause de ce fait, je fus très touchée par les paroles de Brother Lawrence, un homme qui savait qu'une seule pensée vaut la peine qu'on la chérisse. La vraie puissance de sa sainteté c'était la simplicité de sa foi et la dévotion totale qui lui permettait de demeurer dans la présence de Dieu. Bien que ses écrits me soient tombés sous la main tout récemment—un de ces bouquins qui arrivent exactement au bon moment—ce petit livre a fortement renforcé ma résolution à trouver une foi inébranlable et absolue. Contrairement à Brother Lawrence, je croyais encore en la nécessité de livres et de méthodes pour approcher Dieu, une croyance qui allait bientôt changer.

> Ayant trouvé dans plusieurs livres diverses méthodes pour aller vers le Dieu, et diverses pratiques de la vie spirituelle, j'ai pensé que cela servirait à me confondre plutôt qu'à faciliter ma quête, qui n'était nul autre que comment appartenir à Dieu. J'ai

> ainsi décidé de donner le tout pour le tout ; alors après m'être donnée entièrement à Dieu… J'ai renoncé, par amour pour Lui, à tout ce qui n'est pas Lui ; et j'ai commencé à vivre comme s'il n'y avait que Lui et moi au monde. (Source : *The Practice of the Presence of God and The Spiritual Maxims*, Brother Lawrence.)

Tandis que la lecture de telles œuvres durant mon adolescence n'avait réussi qu'à illuminer une partie très distante de mon esprit, en les relisant après mon immersion dans le Cours des dizaines d'années plus tard, la lumière a rempli toute ma conscience avec une beauté si engageante que je ne pouvais pas m'empêcher de fondre en larmes. Le souvenir flou se transformait en reconnaissance d'une vérité si immense qu'il m'était impossible d'ignorer son appel. Il me semblait que le parcours de ma vie avait, non seulement accompli une révolution entière, mais il avait maintenant trouvé son vrai sens et sa vraie mission.

Pour rester sur le bon chemin, je n'avais qu'à me poser la question suivante : quelle était ma toute première pensée lorsque je me suis réveillée ce matin ? Ai-je pensé à Dieu ? Était-ce une pensée de gratitude pour les occasions que la journée m'offrirait de me rapprocher de la présence de Dieu ? Était-ce une pensée de soulagement profond de savoir que les enfants de Dieu n'ont pas à s'en faire ni à se stresser ou avoir peur de quoi que ce soit qui survient dans un monde fabriqué ? Un monde qui n'est rien d'autre qu'un interlude entre le moment de notre retour chez nous et un moment de curiosité envers une notion de séparation qui n'aurait jamais pu être réelle ?

La vérité est simple, mais…

> L'unité est simplement l'idée que Dieu est. Et dans Son Être, Il embrasse toutes choses. Aucun esprit ne contient autre chose que Lui. Nous disons : « Dieu est », puis nous cessons de parler, car dans cette connaissance les mots sont in-signifiants. (L-pI.169.5:1–4)

1. En quête de la véritable sainteté

Un cours en miracles décrit la vérité ainsi : Dieu est. Point. Une personne véritablement sainte n'aurait pas à aller plus loin. Qu'y a-t-il d'autre à considérer ? Quelles pensées habitent ton esprit maintenant ? Comment générer plus de revenus ? Être reconnu ? Obtenir le pouvoir ? De l'influence ? Comment changer le monde ? Comment obtenir ce que tu désires d'un partenaire dans une relation particulière ? Comment rendre ton corps plus attrayant ? Comment convaincre une personne de t'aimer ? Comment te justifier vis-à-vis d'un parent autoritaire ?

S'il est vrai qu'il n'y a que Dieu et Sa création, alors partout où Dieu semble être absent doit être une illusion, un rêve, et un succédané de la vérité. Par contre, nous pensons autre chose lorsque nous entretenons la croyance que Dieu est en haut, au Ciel, et que nous sommes ici, bien incarnés, auteurs de livres et leurs lecteurs, dans un monde qui défend si solidement sa réalité que cela nous empêche de voir qu'il est illusoire. Si nous croyions réellement qu'il n'y a que Dieu qui soit Vrai, nous saurions qu'Il doit être partout et en tout, ce qui veut dire que nous n'aurions aucun besoin d'*Un cours en miracles* ni d'aucune autre spiritualité. En réalité, nous n'aurions plus la sensation d'être un soi, dans un scénario de vie soi-disant distincte et unique, incarné dans un corps, séparé de la vérité. L'expérience nous laisserait voir que nous sommes un, avec Dieu. Comment donc réconcilier la vérité avec toute l'évidence de son contraire dans notre monde ?

> Si tu veux être comme moi, je t'aiderai, connaissant que nous sommes pareils. Si tu veux être différent, j'attendrai jusqu'à ce que tu changes d'esprit. Je peux t'enseigner, mais toi seul peux choisir d'écouter mon enseignement. (T-8.IV.6:3–5)

Soit Jésus nous dit la vérité et tout ce qui est de ce monde est faux, soit il nous ment. Soit il a raison, et nous avons tort ; que nous ayons raison et lui, tort. Mais plus important, qui parmi nous veut admettre avoir tort, surtout lorsqu'il s'agit d'avouer s'être trompé sur tout ce que nous avons cru être vrai ? À moins d'être prêt à considérer la possibilité que Jésus ait raison, et que nous ayons tort, nous risquons de ne pas avancer bien loin dans cette aventure. On nous demande de remettre en question toutes nos croyances et de choisir une croyance plutôt qu'une autre, l'illusion ou la vérité. Soit Dieu est vrai et notre perception du monde est illusoire, soit l'illusion est vraie et Dieu est un mythe. C'est l'un ou l'autre, mais pas les deux ; ce que nous croyons à chaque instant est notre choix.

Heureusement, on n'exige pas que nous comprenions complètement les implications de cet enseignement extraordinaire ni que nous ne l'acceptions entièrement, tout au moins, pas au début de notre étude du Cours. En fait, il est fréquent de ressentir de l'indignation et de la confusion devant cette version surprenante de la vérité. Le Cours nous demande de lui accorder une chance et, plus particulièrement, de le laisser ajuster notre esprit tout doucement. En le faisant, on nous dit que nous ressentirons plus de joie et de paix, moins de stress et de complications ; que nous atteindrons un état d'amour plus profond, de belles récompenses, simplement pour avoir accepté ce qui peut sembler, au moins au début, une prémisse impossible! Un petit désir, c'est tout ce qu'on nous demande ; la foi n'est même pas exigée. Nous n'avons pas à y croire totalement. La foi vient avec l'expérience. Toujours très pragmatique, le Cours est conçu pour guider ses étudiants vers une expérience de la vérité tangible et ressentie. Il n'y a qu'à bien vouloir l'essayer.

L'entièreté de Dieu

En dépit de toutes les belles prières du texte et, en particulier, celles que l'on retrouve dans la deuxième partie du Livre d'exercices pour étudiants, le Cours ne parle presque pas de la nature de Dieu, et nous dit même qu'aucun esprit existant soi-disant dans la dualité ne peut appréhender la parfaite Unité de Dieu. Cependant, on nous laisse entrevoir ce à quoi pourrait ressembler l'expérience directe de cette entièreté : joie, absence de peur, certitude, paix durable, vie éternelle, amour englobant tout et entièreté sans fin. L'amour de

1. En quête de la véritable sainteté

Dieu est infini. L'amour de Dieu est entier, par conséquent ce qu'Il crée doit l'être aussi.

De notre perspective limitée et liée par notre identification à nos soi séparés dans des corps distincts, il est difficile de concevoir le concept de parfaite unité. En réalité, l'unité parfaite ne peut être comprise ; elle doit être ressentie. C'est pour cette raison que Jésus nous invite à rechercher l'expérience, de ne pas laisser la théologie nous retarder. Faire l'expérience de la séparation, limiter nos perceptions à un soi unique qui est séparé de Dieu, notre Créateur, un soi qui possède un corps, un nom et une fonction dans le monde, équivaut à renoncer à notre véritable sainteté, notre entièreté. L'entièreté ne connaît pas la séparation, les frontières ou les différences ; l'état de séparation ne connaît pas l'entièreté. Accueillir l'amour de Dieu signifie que nous abandonnons toute croyance dans le moi séparé, ce qui représente un défi énorme pour des individualistes robustes, auto motivés et volontaires comme nous !

La sainteté consiste à accepter notre entièreté, tel que Dieu nous a créé, un état complet, indestructible, inclusif et éternel. Elle est atteinte lorsque nous abandonnons toute volonté séparée de celle du Père, soit la seule vraie liberté. Faire l'expérience de la véritable sainteté requiert l'absence du jugement, car celui-ci implique les différences. La véritable sainteté reconnaît que les intérêts de mon frère ne sont pas séparés des miens. La sainteté véritable est exempte de toute peur, car ce qui est entier ne peut subir aucun mal. La sainteté véritable ne se laisse pas duper par les distractions mondaines. Les personnes saintes sont lavées de la tache de la particularité, car tenir à la particularité reviendrait à maintenir des niveaux, des différences et des hiérarchies, donc, la séparation. Guidées par la Sagesse du Père, elles ne retiennent aucune rancune, elles sont patientes et compréhensives ; elles agissent avec bonté, en douceur et leur amour devient le reflet de l'Amour de Dieu dans son entièreté. Pour les véritables personnes saintes, il n'y a qu'un seul but digne d'être poursuivi par un enfant de Dieu : faire l'expérience de la parfaite Unité de Dieu et de Sa création. Rien d'autre ne compte ; il ne reste plus rien à faire. Les personnes véritablement saintes viennent les mains vides à leur Dieu.

De l'espoir pour le commun des mortels

Et puis, il y a nous, simples mortels, dont la pensée première au lever était plutôt branchée sur un premier petit café, sur le jour de la semaine, le réveil des enfants, la vérification des « textos », l'accord de chaussettes avec le pantalon, ou le départ pour arriver à l'heure au travail. Notre toute première pensée du jour n'était probablement pas à propos de Dieu. Malgré toutes nos bonnes intentions visant à vivre une vie spirituelle réussie, nos préoccupations nous démontrent que notre esprit et nos priorités sont ailleurs.

Par souci d'honnêteté, de simplicité, de rapidité et d'efficacité, sachant que notre pensée première portait probablement sur autre chose que Dieu, nous pouvons nous situer parmi les « non-saints » ou, de manière plus optimiste, les « pas-encore-saints. » Peut-être nous sommes-nous réveillés avec le sentiment d'être régénérés et contents ; peut-être y avait-il un beau soleil levant et nous nous sommes réjouis d'accueillir un nouveau jour. Il est possible que nous nous soyons réveillés abattus et déprimés par un fait survenu la veille au travail et que nous nous préoccupions des conséquences ; ou alors nous ressentions l'envie de rester au lit pour ne pas passer une autre journée d'ennui dans une vie sombre. Le jour suivant, la marée émotive s'est renversée, le soleil a cessé de briller, nous nous sentons moroses, ou bien la tempête a passé et l'espoir nous a animés à nouveau. Et ainsi de suite, tout au long de notre vie. Il y a les bons et les mauvais jours.

Somme toute, la vie n'est pas si mal. La plupart du temps, elle est assez bonne, croyons-nous. Nous avons composé avec ce qui est et nous nous sommes fabriqués des vies convenables. Il est fort probable qu'au cours des jours, nous n'ayons pas trop tourné notre esprit vers Dieu. Nous n'avons pas encore idée à quel point les plaisirs transitoires, les victoires et toutes les parcelles de bonheur que nous

1. En quête de la véritable sainteté

chérissons ne sont rien en comparaison de l'état de joie totale expérimentée si nous apprenions à faire tomber les barrières qui sont érigées entre nous et la vérité. Quand nous avons abandonné notre entièreté, nous nous sommes retrouvés avec bien peu. Comment est-ce possible que les enfants de Dieu se retrouvent avec moins que l'abondance, la joie et la paix parfaite, éternelle ?

> Tu ne peux pas parcourir le monde à part de Dieu, parce que tu ne pourrais pas être sans Lui. Il est ce qu'est ta vie. Là où tu es, Il est. Il y a une seule vie. Cette vie, tu la partages avec Lui. Rien ne peut être à part de Lui, et vivre.
>
> « Qui marche avec moi ? » Cette question devrait être posée mille fois par jour, jusqu'à ce que la certitude ait mis fin au doute et établi la paix. (L-pI.156.2:4–9 ; 8:1–2)

Un cours en miracles est une spiritualité pour les non-saints. C'est également une spiritualité pour les personnes non spirituelles et non religieuses. La sainteté signifie la découverte et l'acceptation de l'entièreté, le renoncement de la séparation, l'absence du désir de particularité et la reconnaissance que notre perception dans ce monde n'est pas entière et ne peut, par le fait même, pas être sainte. Comme nous sommes tous créés pareils, dans notre entièreté parfaite qui ne manque de rien, la seule chose qui distingue un véritable saint d'un non-saint c'est la curiosité. Les saints véritables ont questionné, ils ont vu et ils ont choisi de voir que la création de Dieu ne peut être autrement que parfaitement entière. Nous sommes créés dans l'Entièreté, la sainteté est notre condition naturelle à tous. Si telle n'est pas notre expérience, alors nous devons voir faux. La solution est de corriger notre façon de voir.

Dans le *Cours en miracles*, Jésus nous explique la raison pour laquelle nous ne pouvons pas croire à notre sainteté, comment nous sommes arrivés à croire cela, et enfin, comment corriger ce qui ne s'avère être qu'une erreur au niveau des croyances. Le Cours présente une spiritualité pour ceux qui souhaitent atteindre leur entièreté et pour ceux qui cherchent l'expérience de l'Unité de Dieu.

Le Cours comme tel n'est pas saint et vous ne deviendrez pas saint en le lisant ; il enseigne, cependant, comment accéder à la partie de l'esprit qui permet, si nous le désirons, de prendre cette décision par nous-mêmes.

Le retour de l'ego

Si vous croyez qu'ayant survécu au long voyage dans le désert, soit l'écriture de *Leaving the Desert*, l'ego aurait disparu comme par magie et lâché son emprise sur mon esprit, je dois mettre les choses au clair. Le système de pensée de l'ego demeure avec nous aussi longtemps que nous choisissons de nous identifier à un moi séparé de la parfaite unité. Si j'écris toujours, il y a de fortes chances que je m'identifie encore au soi en tant qu'écrivaine. Cela pourrait changer un jour, mais pour le moment, disons que je suis, tout comme vous, engagée dans un long processus de guérison et de réveil du rêve. L'enseignement du Cours est tellement radical qu'il est sage de procéder en douceur. Cela est, en vérité, la seule manière, sinon les manigances rusées et subtiles de l'ego risquent fort de déjouer les sentinelles de notre vigilance.

Il est possible que vous vous demandiez si j'ai rencontré une certaine résistance en écrivant ce livre, résistance qui se serait peut-être manifestée par des envies incontrôlables de faire des muffins, comme lorsque je travaillais sur *Leaving the Desert*. Mais, non. En tout cas, pas au début. J'étais très heureuse de m'y mettre, au point où ma réserve de muffins s'est épuisée, j'ai même mangé de la pizza froide pour le petit déjeuner. Rien n'allait m'empêcher d'écrire ; mes lecteurs attendaient le tome suivant. Avais-je mal aux épaules et au dos ? Un peu. Mais j'ai trouvé une position assez confortable pour écrire avec les pieds sur le bureau et le clavier sur les cuisses. Pas très élégant, mais confortable.

Peu après avoir écrit les premiers chapitres, je me suis sentie embourbée. Sérieusement embourbée. Pas une situation idéale pour une écrivaine. L'écriture venait après les consultations et les affaires

1. En quête de la véritable sainteté

de la vie courante, alors tout temps libre était bienvenu. Mais je souffrais du syndrome de la page blanche. Il y avait un plan détaillé, une liste de sujets à aborder et quelques chapitres déjà écrits, mais malgré mon désir de m'y remettre, j'étais complètement bloquée.

Je n'avais jamais vécu une telle chose et je décidai de composer avec la situation. Me faire du mouron pour ce qui devait certainement être un cas temporaire de page blanche ne mènerait pas à un déblocage, mais, au contraire, rendrait le problème plus réel que nécessaire. A la place, j'ai passé le temps à jardiner, tondre la pelouse, à faire le ménage de la maison, tout en me sentant confuse par ce blocage et un peu coupable de ne pas avoir su m'approprier le temps que j'avais réservé pour mon livre. Cependant, étant devenue moins obsessive qu'auparavant—résultat de mon travail avec le Cours—et aussi moins attachée à mes activités usuelles, j'ai conclu que possiblement, je n'avais tout simplement pas à écrire ce livre. Après tout le Cours dit bien que je n'ai pas besoin de faire quoi que ce soit. Ce n'était d'ailleurs pas l'écriture qui payait les comptes. J'avais sans doute déjà dit tout ce que j'avais à dire dans mes deux livres précédents. Si le goût de l'écriture me revenait, je n'avais qu'à continuer le travail entrepris sur un livre de recettes, et tabletté dans mon disque dur. Ne voulant plus y penser, j'ai remis le tout au Saint-Esprit.

Minute ! Je ne suis pas dupe ! Mes six années de travail avec le Cours ne m'avaient-elles pas préparée à déjouer ces entourloupettes de mon ego ? Le lendemain, je me suis levée en voyant clairement ce qui s'était passé : j'avais effectivement laissé l'ego se charger de mon écriture. J'oubliais d'écrire avec le Saint-Esprit.

Voyons donc !

Agis normalement et écris comme d'habitude, me rappela mon guide intérieur.

Bien qu'ayant affirmé dans l'Introduction mon intention d'écrire dans mon style personnel habituel, ce n'était pas ce que j'avais fait. En réalité, j'avais trafiqué le style juste assez pour retirer le « je » du texte. Mon ego s'était infiltré pour me donner l'apparence de sainteté.

Alors ce n'est plus toi.

Belle tentative !

Vous pourriez croire que je m'en suis voulu pour cette explosion égotique, mais j'en riais de bon cœur. Je rigolais encore lorsque j'ouvris un message d'un lecteur disant apprécier le ton personnel de mes écrits.

Partage ton expérience personnelle.

L'ego avait très sournoisement détourné mes mots et tenté de supprimer le moi pouvant partager. Ayant oublié d'écrire avec le Saint-Esprit, je m'étais bel et bien laissée convaincre que partager des histoires personnelles n'était plus nécessaire cette fois. S'il n'y avait pas d'histoire personnelle à partager, alors il n'y aurait plus de moi, ce qui voudrait dire que seule ma sainteté demeurait, l'illusion de la sainteté, bien entendu.

Alors dans les jours suivants, je me suis joint au Saint-Esprit et j'ai pu réinsérer un « je » dans l'écriture. Je voulais une véritable sainteté, pas un semblant de sainteté. En dépit de l'ego, il y aurait encore des histoires à raconter, ce qui voulait dire, de l'apprentissage, des erreurs, des occasions de pardon, et encore l'identification d'obstacles érigés entre la paix, l'expérience de la vérité et moi. L'école n'était pas finie ; nous retournions à la tâche.

Au bas de l'échelle

Le cours utilise l'échelle comme symbole de notre descente dans la séparation et comme symbole de notre retour à notre demeure dans l'Entièreté. Une échelle possède deux extrémités et c'est à nous de décider laquelle représente notre but ; nous ne pouvons viser les deux bouts en même temps. À une extrémité, il y a la parfaite Unité de Dieu, notre demeure véritable, qui est notre réalité, notre condition naturelle immuable et éternelle. Nous n'avons qu'à vouloir la connaître. À l'autre extrémité de l'échelle, il y a notre croyance

1. En quête de la véritable sainteté

L'échelle de la séparation

en ce qui n'existera jamais, un semblant d'état de séparation de l'unité parfaite, un soi, se rêvant dans un monde rêvé et qui fait l'expérience de toutes sortes de défis compliqués, de situations qui se déroulent dans une vie également rêvée. Cet état est si peu naturel qu'il faut déployer des efforts surhumains pour nous y maintenir. La séparation est une croyance à laquelle nous tenons furieusement et elle résulte d'un choix, tout comme l'expérience de l'unité du reste.

> Ce qui attend avec une certitude parfaite au-delà du salut ne nous concerne pas. Car tu viens à peine de commencer à laisser diriger tes premiers pas incertains vers le haut de l'échelle que la séparation t'a fait descendre. Le miracle seul te concerne à présent. C'est ici que nous devons commencer. Puis, ayant commencé, la voie sera rendue sereine et simple qui monte jusqu'à l'éveil et à la fin du rêve. (T-28.III.1:1–5)

L'échelle illustre l'apparente distance entre deux points et les marches à gravir ou à descendre pour aller d'une extrémité à l'autre. La distance est illusoire elle aussi, mais elle nous semble bien réelle lorsque nous résistons à l'idée voulant que nous n'ayons jamais quitté notre demeure. Tant que nous nous accrochons à notre expérience de séparation, la distance apparaît longue entre notre vécu et l'unité parfaite. L'idée de procéder pas à pas, et surtout à tout petits pas, agit pour prévenir la marée de peur qui pourrait nous submerger en cas de réveil trop rapide. L'être qui vit la séparation vivra le retour à la demeure comme un véritable processus à ne pas prendre à la légère. En réalité, l'échelle est illusoire comme le reste, et n'existe que si nous entretenons la croyance que nous nous sommes séparés.

Pour les saints véritables, il n'y a pas d'échelle, il y a simplement la connaissance intime de Dieu et de l'unité parfaite de Ses créations. *Cesse de parler de retourner au Ciel. Sache que tu y es déjà. Voilà le miracle.* Pour les handicapés de la sainteté, le meilleur endroit pour débuter est là où nous pensons être : en bas de l'échelle, dans des corps en train de faire l'expérience de vies apparemment séparées. Pour l'instant, nous avons la métaphore d'une échelle et nous savons où la retrouver : dans nos esprits.

Peu après avoir vu que j'avais mal choisi mon partenaire d'écriture, j'ai compris qu'il n'était pas nécessaire de faire quoi que ce soit. L'écriture faisait partie intégrante de mon processus de guérison, mais, le Cours nous dit, ce monde est terminé depuis longtemps et nous ne faisons que revoir des histoires datées qui ne sont que des variations de la folle idée de la séparation et donc la guérison a déjà eu lieu. Je n'avais plus qu'à accepter la vérité voulant que je sois entière et que vous le soyez aussi. Nous n'avons qu'à nous souvenir de la vérité, de l'unité qui demeure toujours. Nous n'avons qu'à nous souvenir d'écouter le bon Enseignant ; de prendre la main de Jésus et de le laisser nous guider.

Enfin, j'avais compris. J'ai pleuré assise à mon bureau et j'ai laissé ces prises de conscience, ces constats se déposer dans tout mon être. J'avais compris ! Nous n'avons aucun besoin de nous faire saints, ni de souffrir, ni de nous sacrifier ni rien du tout pour atteindre cette sainteté-là. Nous l'étions depuis toujours. Comment pouvions-nous ne pas l'être ? Nous sommes tels que Dieu nous a créés. Nous n'avons qu'à nous en souvenir. C'est tout. Il n'y a rien d'autre à faire que de regarder, constater et accepter ! Vraiment! Y a-t-il un but plus important à poursuivre? Choisir cela comme but

1. En quête de la véritable sainteté

c'est accepter notre sainteté intrinsèque. Quand nous avons Dieu pour but, la fin du voyage est assurée. En ayant Dieu pour but, nous montons l'échelle avec promesse, espoir et joie. Nous n'avons maintenant qu'à faire l'expérience de cette connaissance. Voici le début du chemin du retour, l'abandon de notre identification avec nos faux soi incarnés, la découverte de la connaissance de nous-mêmes en tant qu'esprits ayant le pouvoir de faire un autre choix.

Que je me souvienne que mon but est Dieu.

2. FAIRE TOMBER LES PORTES DU CIEL

> Le monde de Dieu est heureux. Ceux qui le regardent peuvent seulement lui ajouter leur joie et le bénir comme cause d'encore plus de joie en eux. Nous pleurions parce que nous ne comprenions pas. Mais nous avons appris que le monde que nous voyions était faux et aujourd'hui nous regarderons le monde de Dieu. (L-pII.301:2:1–4)

La nouvelle année débutait avec un éclat de mouvement ; les journées et les soirées débordaient d'activités nécessaires au lancement des versions numériques de mes livres, sans compter la courbe d'apprentissage nécessaire à leur publication. Tout cela allait au-delà des activités habituelles pour cette période de l'année soit les ateliers, les séminaires et les consultations. J'avançais doucement, mais sûrement à travers les leçons du Livre d'exercices pour étudiants en m'attardant sur les passages qui me rappelaient la vérité de notre unité avec Dieu. Je pensais souvent à Brother Lawrence, devenu mon symbole préféré de la sainteté véritable.

Dès ses dix-huit ans, il avait réalisé que tout ce qui lui importait était de se retrouver dans la présence de Dieu et il demeura constant et loyal envers cette idée. Il s'y raccrochait, peu importe les bouleversements de sa vie, et ce jusqu'à son dernier souffle. Il était vraiment un homme saint et, en tant que personne sans sainteté, je me sentais inspirée par la force de sa conviction et la simplicité absolue de sa foi. Je réfléchissais à la complexité toujours croissante de nos vies contemporaines et au monde dans lequel je paraissais séjourner un moment. Dans mon coeur, je savais que Brother Lawrence avait cheminé sur la voie de la vérité, ce que j'admirais de tout mon être,

2. Faire tomber les portes du Ciel

ce que je désirais profondément, car il n'y a pas de quête plus noble que d'être dans la présence de Dieu. Mais je ressentais toujours que cela était au-delà de ma portée.

Un soir, ayant éteint mon ordinateur et m'être préparée au coucher, je contemplais la vérité de notre unité avec Dieu, le fait que ce monde ne peut pas être notre véritable demeure, et, tout particulièrement, le fait que le retour à notre demeure avec le Père devait être beaucoup plus imminent que je n'arrivais à le croire. Si le rêve n'était qu'un brin de nuage qui cache la vérité, alors ce rêve n'était forcément rien du tout. Le monde, après tout, est plein de choses insignifiantes et sans valeur réelle ; ses fabrications sont impermanentes et fragiles. Ensuite, j'ai pensé à Dieu et à mon véritable domicile, le Ciel. Je ne trouvais aucun but plus digne d'être poursuivi. Le reste disparut et j'ai remonté les couvertures pour me protéger de la fraîcheur de la nuit. En contemplant cette dernière pensée si simple et peu compliquée, je fus entourée et remplie d'une sensation de paix, de sécurité et de plénitude totales. Une joie et une liberté sans bornes s'étendirent dans chaque fibre de mon être. Il n'y avait rien que je désirais plus dans ce monde qu'être chez moi avec Dieu. Toutes autres poursuites et autres pensées me paraissaient insignifiantes en comparaison. Je m'endormis cette nuit-là, enveloppée par ce sentiment d'union et par cette paix entière.

Le retour chez soi est un processus—un processus, qui nous semble long, de déconstruction de la croyance toute puissante en l'impossible—je ne fus alors pas trop surprise de me retrouver au milieu de la nuit, vedette d'un cauchemar dont les détails refusaient de me revenir. Tout ce dont je me souvenais, c'est que les images de ce rêve étaient assez dérangeantes pour me propulser vers la sécurité de l'état d'éveil. Il m'était évident que la partie de mon esprit qui croyait encore à mon ego n'avait pas du tout envie que je me rapproche de Dieu. La vie allait donc continuer comme un intermède incommode jusqu'à ce que j'aie progressé au-delà des peurs qui m'empêchaient d'atteindre mon but.

Le retour était mon but. Je n'en avais aucun doute ; rien ne pouvait se substituer à ce désir sublime. Cette pensée était la seule qui me remplissait de joie aussi totale. C'est elle qui me fournissait le courage et la force de continuer à ramener mon attention vers l'intérieur pour découvrir les motivations souvent peu flatteuses et décidément peu saintes cachées derrière mes pensées et chacun de mes actes. Le fait de savoir que le Ciel est atteignable par quiconque arrive à s'en remettre au Saint-Esprit dans le but d'apprendre à faire un choix différent donnait un sens à chacun des instants de mes journées.

Cesse de parler de retourner au Ciel. Sache que tu y es déjà. Voilà le miracle.

Je repensais souvent aux mots de Lisa, mais je ne me sentais pas pour autant plus près du but. C'était davantage la partie insidieuse et tordue de mon esprit qui refusait d'accepter leur vérité. Par contre, toujours la mystique d'esprit pratique qui préférait la prudence, je refusais de m'illusionner sur l'imminence de ma sainteté et je me dis qu'il fallait que je me donne des buts réalistes à court terme pour marquer le déroulement de mon processus de retour au Ciel. Il y aurait plusieurs petites étapes qui me mèneraient à franchir le dernier petit pas pour me permettre de revenir à ce que je n'avais jamais réellement quitté, un pas que je ne prendrais nullement par moi-même. Cette étape ne m'appartenait pas ; mon travail consistait à remplir les conditions du retour au Royaume, soit atteindre la paix de l'esprit et ensuite, abandonner tout manque de pardon envers mes frères. La seule fonction qui valait la peine étant justement le pardon. Ces principes étaient clairs, accessibles, et surtout, très simples, bien que parfois difficiles à mettre en pratique. Sachant que la moindre tache d'ombre m'empêcherait d'atteindre mon but, je me suis appliquée à la vigilance constante de mes pensées.

De toute évidence, j'avais du travail devant moi, mais j'avais bon espoir, car mes six années de travail avec le Cours en miracles m'avaient maintes fois prouvé que le processus suivrait lui aussi, son cours. Comme cette spiritualité n'acceptait aucun compromis,

2. Faire tomber les portes du Ciel

il me faudrait la pratiquer sans compromis. Déjà, mon engagement dans ce parcours m'avait récompensé par une vie plus paisible et plus joyeuse. Comment pouvait-il en être autrement ? Ce que je désirais le plus au monde se tenait là, accessible au moment où moi, je serais prête à le réclamer, à l'accepter.

La pratique m'avait en effet prouvé que cette spiritualité fonctionne et cela me rassurait profondément. Je devenais habile à reconnaître si j'avais choisi, ou même si je m'apprêtais à choisir, avec le mauvais enseignant. La suite logique m'aidait à reconnaître qu'en choisissant avec le mauvais enseignant, je ne me sentais tout simplement pas en paix. La paix devenait ainsi le choix le plus judicieux, non seulement parce qu'elle me rapprochait de mon but, mais aussi parce qu'elle me faisait du bien. J'ai appris à reconnaître quand la particularité m'entravait, ce qui était assez fréquent ; je voyais bien quand j'avais repoussé l'amour, encore plus fréquent ; ou en exerçant les muscles du jugement, j'avais choisi de voir les différences plutôt que les ressemblances. Je me pardonnais ; je me pardonnais souvent ! J'ai appris à me retirer des désaccords et parfois même à me mettre d'accord avec des points de vue divergents. Les intérêts communs n'allaient pas nécessairement de pair avec les affaires du monde, ces dernières étant conçues pour exprimer des différences. Ce que nous partageons, c'est notre croyance en l'idée de la séparation et notre faim de retrouver l'Amour auquel nous croyons avoir renoncé. L'unité, étant une expression de l'esprit, n'est tout simplement pas de ce monde.

Je continuais à progresser tranquillement à travers les leçons du Livre d'exercices pour étudiants et je m'émerveillais de voir combien elles gagnaient en signification suite à mes années d'étude. Force m'était d'admettre qu'après avoir parcouru les leçons la première fois, avec toute ma sincérité, je n'avais aucune idée de ce que je faisais. Aucune. Vraiment aucune. Avec les années, je m'apercevais que ma compréhension avait drôlement évolué. Je comprenais ce que je lisais. En voilà un miracle !

N'est-ce pas Lui Qui connaît la voie vers toi ? Tu n'as pas besoin de connaître la voie vers Lui. Ton rôle est simplement de permettre que tous les obstacles que tu as interposés entre le Fils et Dieu le Père soient enlevés tranquillement pour toujours. Dieu fera Sa part par Sa réponse immédiate et joyeuse. Demande et reçois. Mais n'exige rien et n'indique pas la route à Dieu par laquelle Il devrait t'apparaître. La façon de L'atteindre, c'est simplement de Le laisser être. Car de cette façon, ta réalité est aussi proclamée. (L-pI.189.8:1-8)

Tandis que mes premières années d'étude du Cours avaient suscité peur et résistance, ma compréhension nouvelle entraînait une réponse complètement nouvelle. En relisant certains passages des leçons et du texte proprement dit, j'étais souvent émue aux larmes. Un thème commun à ces épisodes d'émotivité était celui de l'entièreté accessible à tous—à vous, à moi, à quiconque est désireux de revenir au Ciel. Il s'agissait inévitablement des passages qui nous rappellent à quel point la vérité est proche ; que le retour repose sur notre capacité d'accepter l'Expiation.

Pour retourner dans l'entièreté, il suffisait de préparer la voie pour choisir différemment. Il n'était alors pas nécessaire de souffrir pendant des années, ni de faire des sacrifices ni d'avoir une pratique spirituelle tortueuse, non plus que Dieu nous sourit seulement après avoir prouvé notre mérite. J'étais émue par les passages affirmant qu'il n'y avait, en effet, rien à faire. Je suis une personne active, c'était pour moi, une leçon primordiale. Tout ce qui était exigé c'était le désir de mettre le reste de côté et croire au processus que Jésus nous a donné. La paix, l'entièreté et la sainteté sont notre condition naturelle. Les passages les plus touchants étaient ceux rappelant que la lutte s'est terminée il y a longtemps, qu'elle n'a même jamais réellement commencé et qu'on peut s'en défaire dans l'immédiat, tout de suite, si nous le désirons.

Quand il eut atteint l'éveil, Ramana a raconté plusieurs épisodes de grande émotivité, « le déversement de l'âme en larmes... des larmes qui n'étaient ni de plaisir ni de douleur. » Mes propres

2. Faire tomber les portes du Ciel

larmes étaient similaires, n'étant pas issues de plaisir, ni de douleur, ni d'une source de tristesse identifiable. Il me semblait que c'était les larmes de l'abandon, comme si des vies passées accrochées à des non-vérités étaient relâchées. Parfois, je versais des larmes tout simplement parce que je comprenais ce que je lisais. La vérité de la proximité de Dieu parlait à la partie de mon esprit qui se préparait à l'accepter, une présence grande et si accueillante que je pleurais avec abandon et joie complète.

J'ai pensé appeler Ken Wapnick pour sa sagesse, mais j'avais peur de pleurer. Je ne suis pas une pleureuse. Je ne pleure pas, moi. Je répétais le dialogue que j'entamerais avec lui au téléphone : *Ainsi, tout ce que j'ai à faire c'est de porter attention à mon esprit, à choisir l'enseignant, le Saint-Esprit ou l'ego, noter mes sensations et décider de choisir autrement. Je comprends ce bout-là. Quand je choisis mal, je me pardonne, je le remets au Saint-Esprit et je lâche prise. Je n'ai rien à faire de plus, car je ne fais que revoir un scénario connu. Mon choix du Saint-Esprit ou de l'ego déterminera le déroulement de mon scénario. Je comprends cela aussi. C'est assez simple, oui.* Ainsi continuerait mon dialogue imaginaire avec Ken. *Mais il y a une autre étape n'est-ce pas ? Je dois accepter l'Expiation pour moi-même. Ce sera là, pour moi lorsque je serai prête. C'est tout, est-ce correct ?*

Et là, je ne pouvais plus poursuivre ; je me remettais à pleurer. Et comme je ne voulais pas pleurer au téléphone, je n'ai jamais passé cet appel. En même temps, je n'étais pas assez naïve pour croire que mes bouffées émotives représentaient l'atteinte d'un état particulier d'éveil chez moi. Contrairement à Ramana dont l'âme avait lâché prise sur le corps, chez moi l'identification à mon corps était encore bien évidente. Des douleurs chroniques au dos, aux hanches et aux bras le prouvaient. Les larmes, j'en conclus, pouvaient donc représenter un défrichage, une préparation pour ce qui allait suivre, mais elles ne représentaient certainement pas la fin du voyage. C'était la partie de moi qui croyait à mon état séparé de l'unité parfaite, la partie qui voulait revenir vers Dieu qui criait de douleur.

Néanmoins, je demeurais curieuse d'en savoir plus à propos de mes épisodes larmoyants. Vous pouvez me trouver cynique, mais je me doutais que l'ego se faufilait dans les coulisses de mon esprit. Le cours m'avait bien enseigné au fil des années que l'ego est très, très apte à déjouer les sentinelles vigilantes de mon esprit. J'avais pris l'habitude de chercher les causes et les motivations profondes derrière mes réponses et mes actes. Je pouvais bien pleurer parce que je désirais retourner au Ciel, mais y avait-il autre chose ?

J'ai laissé défiler les jours, patiemment, en attendant des réponses qui n'allaient sans doute pas tarder à venir. Les réponses se présentaient toujours quand j'étais prête à les recevoir. J'écoutais alors un atelier de Ken Wapnick *Le sentier du Cours en miracles : De la spiritualité au mysticisme* et petit à petit, je commençais à comprendre. Dans cet atelier, Ken traite de la manière dont nous choisissons la trame de notre vie, comme nous choisissons de voir tel ou tel film. Selon les prédispositions plus ou moins malignes de l'ego, une personne choisira un thème d'abandon et sa vie se déroulera avec des abandons successifs de la part des proches, des amoureux, et autres êtres chers. Un autre thème de prédilection est la victimisation. On peut toujours trouver quelqu'un ou quelque chose responsable de notre malheur, de notre inconfort, de notre génétique ou la perte de ce que nous avons aimé.

J'ai réfléchi alors aux thèmes de mon propre scénario et, en particulier, à leurs liens avec mes états larmoyants lorsque je lisais un message d'espoir dans les textes de ma spiritualité et j'ai rapidement vu ce qui m'arrivait. J'ai revu de nombreux scénarios de vies passées dans lesquels le thème prédominant était « ne pas être tout à fait à la hauteur ». Je me mettais dans de tels états parce que j'avais accepté la notion que je ne pourrais jamais revenir vers Dieu. Quête après quête, je me prouvais que je n'étais pas assez sainte, pas assez spirituelle pas assez méritante pour passer les portes du Ciel. Le Ciel était réservé aux élus ; certainement pas aux quidams comme moi. Quelle arrogance de penser que je pouvais même y aspirer !

Ah bon !

2. Faire tomber les portes du Ciel

Bien qu'intellectuellement je sais que tout cela est faux, je devais admettre que je portais cette croyance, même inconsciemment. Et, en regardant ma vie, tout prenait un sens. Toujours la deuxième ou troisième, jamais la première. Toujours étudiante, jamais professeure. Il n'y a que les prêtres pour parler à Dieu ; les hommes seuls peuvent accéder à la prêtrise. Même si je n'avais aucun désir d'être première, célèbre ou adulée, je compris quand même que le scénario de ma vie avait comporté de tels éléments. Ces ambitions n'avaient pas pris forme dans le monde concret, elles se retrouvaient tout de même dans ma quête d'entièreté.

Tu ne pourras jamais être sainte, rétorquait l'ego à la défensive. *Tu n'as su être qu'un moine de second ordre ; tu n'es qu'une autre chercheuse, tournant à jamais dans la roue, à ne jamais trouver ce que tu cherches. Tu as une feuille de route d'une incarnation après l'autre et les portes du Ciel sont restées hors de ta portée à répétition ; tu crois réellement que ce gros livre bleu va t'aider à y arriver dans cette vie-ci ? Mais pour qui te prends-tu, non, mais vraiment ?*

> Nous mettons de côté l'arrogance qui dit que nous sommes pécheurs, coupables et apeurés, honteux de ce que nous sommes ; et nous élevons plutôt nos cœurs avec une véritable humilité vers Celui Qui nous as créés immaculés, pareils à Lui-même en puissance et en amour. (L-pI.152.9:4)

Lorsque j'ai réalisé cela, vous allez croire que j'ai encore pleuré. Mais non. Enfin juste un tout petit peu lorsque en révisant ce chapitre. Et j'ai ri, tellement ma croyance m'apparaissait absurde. Le Cours nous enseigne que se croire inadéquat, c'est de l'arrogance ; et pas le contraire. Comment un Dieu d'amour pourrait-Il ériger de telles barrières entre Ses enfants et leur demeure ? Impossible donc, les portes du ciel n'existent pas.

3. GARE À LA POINTE MINIME D'IRRITATION

> La colère peut prendre la forme de n'importe quelle réaction, allant d'une légère irritation jusqu'à la rage. Le degré de l'émotion que tu éprouves n'a pas d'importance. Tu deviendras de plus en plus conscient qu'une pointe minime d'irritation n'est rien d'autre qu'un voile tiré sur une intense fureur. (L-pI.21.2:3–5)

La vie avait pris un tout nouveau sens en découvrant de plus en plus que chaque occasion, importante ou pas, représentait une occasion de faire un pas de plus vers mon but, vers mon réveil du rêve de la séparation. J'apprenais à vivre avec un système de pensée unique, peut-être même inhabituel n'ayant rien à voir avec le monde dans lequel je vivais, un processus qui me laissait souvent divisée et même confuse. L'ego n'étant pas du genre à s'aplatir sans lutter, rien d'étonnant alors que ma foi grandissante le mette sur ses gardes, déclenchant une guerre sans merci entre mon esprit et mon pur-esprit, le champ de bataille préféré étant mon corps. Ses victimes inclurent mon dos, mes épaules, mon cou, mes côtes, mes bras, mes poignets, mes hanches, et, si je voulais creuser encore, j'aurais pu dire que mes jambes me faisaient souffrir elles aussi. Il allait sans dire que j'avais hâte que mon âme, à l'instar de celle de Ramana, lâche prise sur mon corps.

Même si je comprenais que la guérison ultime est de l'ordre de l'esprit, je devais admettre la nécessité de m'occuper de mon corps, lequel faisait après tout partie intégrante de l'école de ma vie. J'ai donc recommencé la pratique du yoga en insistant sur les étirements et la souplesse. Toujours débutante et pas très gracieuse, j'ai néanmoins réussi à faire disparaître la douleur et, surprise, j'ai réalisé que je n'avais plus peur du silence. J'étais consciente d'avoir délaissé le yoga au cours des mois d'hiver, car ma pratique me rapprochait trop du vide dans mon esprit. Pour moi, le yoga était un espace d'abandon et de paix, un climat pas du tout propice à nourrir et à maintenir l'ego. Il n'est pas nécessaire d'être spirituellement éveillé pour se rendre compte que le monde est très bruyant et qu'il ne va pas dans le sens du silence. Du point de vue d'un ego, le bruit est bien, le silence est mauvais. Mon attrait accru pour la paix de Dieu rendait donc le silence insupportable à mon ego. Mais à présent, je me réjouissais de voir approcher l'heure de ma séance de yoga et j'en fis une priorité. Cela était un progrès et m'indiquait que la peur de me mettre en contact avec la partie décideuse de mon esprit commençait à s'estomper.

Veux-tu vraiment la paix de Dieu ?

Afin de faire partie de notre réalité, l'apprentissage doit passer par l'expérience directe. C'est une chose que de posséder et même de comprendre la théorie, c'est autre chose de l'appliquer dans les domaines spécifiques de notre quotidien. Sans application, la théorie demeure théorique. Elle peut s'avérer brillante, inspirante, mais sans application les concepts ne sont que théories. J'avais hâte de tester mes nouvelles connaissances et j'ai donc accepté l'invitation d'une cliente pour assister à l'ouverture d'un centre de santé où elle enseignait le yoga. Je reçois souvent des invitations, mais j'en accepte très peu parce que je travaille à des heures irrégulières, et quand mes journées sont terminées, je préfère la quiétude. En même temps, je suis toujours à la recherche de ressources et de personnes compétentes pour moi-même et pour mes clients ; alors, cette fois-ci, j'ai modifié mon horaire et j'ai accepté. Comme ma maman était à la recherche d'un bon ostéopathe, je l'ai invitée à m'accompagner.

Le centre était superbe, avec planchers de bois dur foncé, éclairage tamisé, meublé en style minimaliste correspondant à ma propre esthétique de simplicité. J'ai jasé avec ma cliente, avec deux jeunes ostéopathes et avec un podiatre en cherchant à connaître leurs approches et surtout à savoir si l'un d'eux pourrait m'aider avec mes problèmes de dos.

Cela peut paraître étrange venant d'une femme comme moi qui guérissait ses filles en posant les mains et qui mélangeait ses sirops pour la toux elle-même à partir de décoctions de plantes naturelles. Je n'avais jamais connu de succès fulgurants en consultant des praticiens en approches dites alternatives, surtout pas auprès de ceux qui se disaient super-spirituels et très « alternatifs ». J'ai connu plusieurs praticiens en santé alternative et traditionnelle par ma pratique de consultation en astro-numérologie et la vie m'a appris que la plupart d'entre eux sont aussi blessés, aussi tristes et perdus dans leur for intérieur que n'importe qui, parfois davantage, car plusieurs ont choisi leur voie de guérisseur pour se guérir eux-mêmes. En tant que personne pragmatique, j'avais toujours préféré les approches plus terre-à-terre, directes et efficaces.

On m'avait dit que les personnes qui travaillaient dans ce centre étaient toutes très spirituelles. Ce qui était normal, connaissant bien la culture des pratiques alternatives. Il leur était nécessaire de créer l'environnement inspirant et motivant pour faire payer les centaines de dollars que coûtaient les traitements. Je me dirigeais, sans jugement, bien sûr, vers la personne qui offrait les massages de yoga Thaï et c'est auprès de cette personne que j'ai connu le vrai but de ma sortie publique ce soir-là : tester ma volonté de choisir continuellement avec le pur-esprit.

Tu dis que tu veux la paix de Dieu ? Vraiment ? Voyons jusqu'où tu peux aller pour l'obtenir ! Encore l'ego qui me narguait, et si je n'avais pas été si préoccupée à essayer de demeurer dans mon pur-esprit, je l'aurais vu s'approcher avec ses gros sabots, prêt à me faire perdre mon équanimité. Jusque-là, j'avais assez bien réussi à négocier cette soirée, libre de jugement, en écoutant attentivement les explications que me fournissaient ces personnes, sans doute douées,

3. Gare à la pointe minime d'irritation

sur les méthodes de guérison des corps de leurs clients. Bientôt, ce serait terminé, et je pourrais rentrer chez moi.

Une invitée qui suivait ma conversation avec la masseuse Thaï, une femme plus jeune, fit irruption dans la conversation avec un enthousiasme quasiment hystérique et se lança dans un discours sur l'importance de regarder les blocages dans nos corps et d'utiliser l'esprit pour les zapper et les dissoudre. Elle s'emballait avec un tas de platitudes nouvel âge et elle se mit à parler des blocages dans mon corps, plus précisément de ceux qui me causaient ces maux de dos, comment je devais regarder en moi et les zapper à l'aide de mon propre esprit. Elle me dit enfin qu'elle savait ce qui se passait dans mon corps et c'est là que je me mis à rire en lui déclarant qu'elle ne savait absolument rien de ce qui se passait dans mon corps, merci beaucoup. En tant que maîtresse autoproclamée de ma destinée, si mal guidée soit-elle, je n'allais certainement pas laisser une fée du nouvel âge me conseiller sans que je ne la consulte en plus. Nous avons ri, l'hystérie est retombée, et quand elle a pris ma carte professionnelle, elle m'a demandé si j'avais écrit les livres figurant au verso. Je lui ai répondu que oui, d'où les douleurs qui m'affligeaient.

La situation paraît banale en surface, mais elle m'a dérangée. Elle m'a dérangé pendant plusieurs jours. Je l'ai regardée avec Jésus et je concluais que j'avais été sur la défensive et que j'avais perdu ma paix d'esprit. Au lieu de simplement la laisser aller dans son sermon et de reconnaître la passion qu'elle entretenait autour de ses croyances, je m'étais mise sur la défensive. Elle n'était pas praticienne après tout et elle n'aurait pas exigé les cent dollars pour sa consultation ; elle ne désirait rien de plus que d'être entendue. Elle avait ressenti le besoin de faire valoir des connaissances sans être certaine de les posséder vraiment et cela était son problème pas le mien. Mais j'en avais fait le mien. Si j'avais maintenu ma paix d'esprit, j'aurais probablement opiné du chef, dit que j'étais d'accord, et si elle avait réellement eu besoin d'une réponse, j'aurais pu lui signifier qu'elle semblait vraiment passionnée par ses recherches. Mais ce n'est pas ce que j'ai fait. Déstabilisée je savais très bien avec qui j'avais dansé ce soir-là : la sombre partenaire de la défensive.

La femme qui zappait de l'énergie m'enquiquinait encore après plusieurs jours, ce qui m'a démontré que j'avais probablement été touchée par quelque chose venant d'elle ; sinon cet épisode aurait coulé sur moi comme de l'eau sur le plumage d'un canard. J'étais tellement bien dans le ressenti de la paix que le malaise était très évident lorsqu'elle disparaissait et que je n'arrivais plus à la ressentir. Je suis restée préoccupée toute une semaine par cet épisode. Autant j'essayais de me convaincre que j'avais réagi avec gentillesse en traitant la situation à la légère, je n'étais pas fière d'avoir laissé ma paix s'envoler et de toute évidence, certaines de ses paroles me dérangeaient toujours.

> Quand l'ego te tente à la maladie, ne demande pas au Saint-Esprit de guérir le corps, car cela serait simplement d'accepter la croyance de l'ego que le corps est le but approprié de la guérison. Demande, plutôt, que le Saint-Esprit t'enseigne la juste *perception* du corps, car seule la perception peut être distordue. Seule la perception peut être malade, parce que seule la perception peut être fausse. (T-8.IX.1:5-7)

En examinant de nouveau mon attitude envers mes problèmes de santé, je me suis rendu compte que j'avais mal évalué la situation. Croyant sincèrement faire ce qu'il fallait, je m'en étais remise au Saint-Esprit : le Saint-Esprit allait m'enlever tout ça au moment où je n'en aurais plus besoin. Bien qu'ayant adopté une attitude de lâcher-prise et qu'une telle attitude soit une bonne chose en elle-même, les résultats attendus ne se sont pas manifestés. Avec le recul, je me suis dit que ce n'était pas l'attitude la plus sage. Elle ne fonctionnait tout simplement pas. Au lieu de guérir, j'apprenais à vivre avec la douleur. Au lieu de regarder l'origine de mes inconforts, certainement une décision que mon esprit avait prise, j'avais remis la responsabilité au Saint-Esprit de guérir mon dilemme. Ce n'était pas le Saint-Esprit qui me rendait malade, c'était moi. Voilà ce que je devais enfin regarder en face.

3. Gare à la pointe minime d'irritation

J'écoutais toujours le même atelier de Ken Wapnick, *La voie du Cours en miracles : de la spiritualité au mysticisme* lorsque quelque chose me fit regarder au-dedans de plus près. C'est là que j'ai vu les profondeurs de l'absence d'amour de soi. Toutes mes douleurs exprimaient ce manque, si bien enfoui au fond de mon esprit.

Je me suis réveillée le lendemain, imbue d'une décision très claire : cet état de fait devait cesser immédiatement. J'allais avoir cinquante-sept ans et je me sentais comme si j'en avais cent cinquante-sept. Cela devait cesser ; ce n'était pas approprié. J'étais de toute évidence devenue la victime d'une haine profonde envers moi-même qui suintait et se projetait sur mon corps. J'ai pris rendez-vous avec Mme Hong, médecin d'origine chinoise, consultée quelquefois l'année précédente.

Couchée sur la table dans la clinique de Mme Hong, je revois les mots du jour inscrits au calendrier du Cours qui m'avait sauté aux yeux en sortant de la maison : Je choisis la joie de Dieu au lieu de la douleur. Très pratique, Mme Hong est tout sauf spirituelle, avec approche nouvel âge ou alternative ; je n'ai aucune idée des pensées avec lesquelles elle me « zappait », mais elle se mit à marteler mon dos comme un boucher qui attendrit une escalope ; elle m'a planté des aiguilles un peu partout et elle m'a même posé des ventouses. De retour chez moi, j'ai fait le saut quand j'ai constaté l'état de mon dos : une tapisserie d'ecchymoses qui ressemblaient a des agroglyphes. J'avais voulu du concret, en voilà assurément. Je suis retourné voir Mme Hong durant plusieurs semaines. En parallèle, je continuais les étirements de yoga et les exercices de « body rolling » recommandés par ma fille. Surtout, j'ai entamé le processus de regarder à fond. Après six années d'études intensives du *Cours en miracles*, j'arrivais enfin à appliquer concrètement ses principes dans ma vie. Allons-y, dis-je à mon enseignant. Accompagnée de Jésus, je sentais que j'allais pouvoir déplacer des montagnes, même la montagne de culpabilité qui s'érigeait entre moi et l'Amour de Dieu.

4. OÙ EST L'AMOUR ?

> Tu as fait l'ego sans amour, ainsi il ne t'aime pas. Tu ne pouvais pas rester dans le Royaume sans amour, et puisque le Royaume *est* l'amour, tu crois être sans lui. (T-6.IV.2:3–4)

Rien de personnel ; ce n'est que de la haine à 100%

Comme mon ego ne semblait pas du tout enthousiaste et qu'il n'allait pas collaborer avec mon désir de vivre des périodes de paix durable, j'ai décidé de regarder son mode opérationnel de plus près. On ne peut pas faire semblant d'être en paix ; il n'y avait que la paix de Dieu, celle qui dure, la paix qui me ramènerait au Ciel. Toute forme de conflit, même le plus infime ressentiment, même un soupçon d'impatience si insignifiante qu'elle soit, suffisait à m'empêcher d'atteindre mon but. L'approche la plus efficace, me disais-je, serait donc de bien connaître mon adversaire.

Ken Wapnick nous rappelle continuellement que le système de pensée de l'ego est constitué de haine à 100%, tandis que celui du Saint-Esprit l'est à 100% d'amour. La prémisse du Cours étant la non-dualité pure, les deux systèmes doivent donc s'exclure l'un l'autre, ce qui signifie qu'en en choisissant un, l'autre disparaît nécessairement. Tant que nous n'avons pas appris autre chose, nous demeurons dans l'ignorance du fait que nous choisissons constamment entre ces deux modes de pensée et que nous le faisons à chaque instant, chaque jour. Toutes nos expériences sont le résultat de ces choix. Lorsque nous nous engageons par un choix, le résultat que l'on obtient fait partie intégrante de la nature même du choix posé. Afin de changer l'effet, nous devons nécessairement faire un autre choix. De la même façon, les résultats de situations nous révèlent

4. Où est l'amour ?

la nature de nos choix. Quand nous faisons l'expérience de la paix, de l'amour et du partage, c'est parce que nous avons décidé de nous joindre à un autre. Si nous faisons l'expérience du conflit, c'est alors que nous avons choisi de repousser l'amour.

> Tu te demandes peut-être pourquoi il est tellement crucial que tu regardes ta haine afin d'en prendre la pleine mesure. Tu penses peut-être aussi qu'il serait assez facile pour le Saint-Esprit de te la montrer et de la dissiper sans que tu aies besoin de la faire monter à la conscience... Tu pourrais même regarder sans la peur la plus noire des pierres angulaires de l'ego si tu ne croyais pas que, sans l'ego, tu trouverais au-dedans de toi quelque chose dont tu as plus peur encore. Tu n'as pas réellement peur de la crucifixion. Ta réelle terreur est de la rédemption. (T-13.III.1:1-2 ; 9-11)

Pour ceux d'entre nous expérimentant la séparation de l'union parfaite et pour qui, un autre niveau de l'esprit semble être un concept vague, ésotérique, lointain et ce qui est pire encore, grâce à un sentiment intrinsèque de non-valeur, nous imaginons que nous ne pourrons jamais sortir de la séparation, l'idée de faire un choix différent semblera hors de notre portée. Comme il n'existe que deux choix, c'est en effet très simple ; nous pouvons choisir soit l'amour ou la haine, pas les deux. Nous ne pouvons pas non plus omettre de choisir ni nous permettre de faire un choix qui comprendrait un mélange de haine et d'amour. Comme nos options sont de natures qui s'excluent, il ne peut pas y avoir d'amour dans une décision basée sur la haine, et il ne peut pas y avoir de haine dans une décision basée sur l'amour. On ne peut pas placer un tout petit peu d'amour dans une décision basée sur la haine, non plus qu'une femme peut se retrouver juste un petit peu enceinte. Le Cours enseigne que ce qui n'est pas l'amour est meurtre.

Parmi ses talents fascinants, alimentés par une peur profonde, l'ego engendre des sentiments défensifs, de particularité, de jugement, de compétition, de clivages hiérarchiques et de manques. Ce sont tous des thèmes basés sur la différenciation et le manque de plénitude, qui ne sont que les reflets du besoin de se protéger de la croyance que la création de Dieu est vulnérable et mérite d'être attaquée et d'être punie. Cela signifie que tant et aussi longtemps que nous choisirons avec un système de pensée qui nous empêche de devenir entiers, tant que nous tiendrons à maintenir notre « moi » unique et spécial, séparé et distinct de nos frères, tout ce que nous penserons et ferons n'aura pas l'amour comme source. Tant et aussi longtemps que nous choisirons la haine, nous éloignerons la chose que nous désirons le plus au monde : l'Amour de Dieu.

Sous l'emprise d'un état de séparation imaginaire, nous ne pourrons même pas nous aimer nous-mêmes, car l'amour, en tant que reflet de l'union et de l'entièreté, ne peut s'installer dans un esprit qui croit à la séparation. L'amour de soi chez une âme qui se sent séparée du tout est, en réalité, un amour de l'ego né d'une pensée de haine, ce qui signifie nécessairement qu'il ne s'agit nullement d'amour de soi, mais d'une haine déguisée de soi. Ce qui passe pour de l'amour en ce monde n'est qu'un pastiche et un substitut à l'Amour de Dieu, un camouflage de la peur de l'amour qui se trouve au fin fond du système de pensée de l'ego.

L'amour fait mal, déclarera un amant éconduit, dans sa confusion entre la douleur du rejet et l'amour. L'amour ne fait pas mal ; l'amour ne peut pas faire souffrir. Ce qu'il ressent est un mélange de rage, de ressentiment, de tristesse et de deuil d'avoir perdu l'objet de son désir, objet de son prétendu amour perçu comme une simple possession. Certains penseront que plus ils auront de la peine et plus ils souffriront lors d'une perte sentimentale, plus ils auront aimé profondément. Comme l'Amour nous a créés entiers et que l'Amour est éternel et inaltérable, on ne peut pas perdre l'Amour. Il est, tout simplement.

Dans une condition de séparation, nous sommes motivés uniquement à maintenir et à nourrir la séparation de la Source et de l'Amour qui est notre héritage naturel. Cet état contre nature dans lequel nous voulons à tout prix demeurer peut seulement être exprimé par des formes diverses de tensions, de défenses, de luttes et de conflits. L'ego n'a pas nos intérêts supérieurs à cœur. Il ne nous rend ni en paix ni entiers et il ne joue certainement aucun rôle utile dans notre quête du sens véritable de l'amour. De toutes les façons et dans toutes les circonstances, l'ego ne sert que son propre besoin d'être le choix numéro un dans nos esprits. L'ego est une pensée de haine et le corps est perçu comme son domicile. L'amour, par contre, englobe le tout et ne peut donc pas être contenu par une demeure qui limite ou qui sépare ; il ne peut pas, non plus, être contrôlé, emprisonné ou limité de quelque manière que ce soit. On ne peut ni le négocier, ni le troquer, ni l'échanger. L'amour est, tout simplement. L'amour permet à l'amour d'être.

La vengeance de l'ego

Ma prochaine expérience fut l'apprentissage des façons utilisées par l'ego afin que le corps soit l'objet de choix sur lequel projeter sa haine. Pendant les semaines qui suivirent ma découverte que les douleurs ressenties dans mon corps étaient plus que probablement connectées au manque d'amour de soi, j'ai porté davantage attention à cette haine, surtout en étant aux prises avec des douleurs dorsales. Je savais bien que j'allais devoir regarder la haine en face avant de connaître l'amour qui attendait patiemment derrière elle. Je comprenais aussi que la haine était le déguisement qui dissimulait la peur écrasante de mon ego que je décide et que je choisisse une fois pour toutes ma perfection innée, et j'étais en paix avec cela. Cette exploration faisait partie du processus et ne devait pas être précipitée, mais c'était aussi la seule manière de dissiper la haine et la culpabilité. Il me fallait voir. L'amour que je recherchais se trouvait derrière la haine ; la peur qui maintenait tout ce système en place était manifeste dans la lutte douloureuse qui se déroulait dans mon corps.

En attendant, j'ai pris des remèdes homéopathiques, et de l'ibuprofène lorsque je n'en pouvais plus, j'ai intensifié ma pratique du yoga axée sur les étirements et j'ai poursuivi mes consultations auprès de madame Hong toutes les semaines. Le yoga devenait de plus en plus agréable, car je gagnais en force et en souplesse. Le Cours nous demande d'observer simplement. Je savourais vraiment le fait de ne pas être obligée d'analyser ni de trouver des rapports entre le corps et le mental. Pourquoi analyser un système de pensée dément, insensé? L'ego est une pensée de haine ; comme je me croyais séparée de ma Source, il existait donc de la haine quelque part. Je gardais l'œil ouvert sans me juger lorsque je l'apercevais, ou quand je ressentais des douleurs. Je me disais que c'était sans importance. Jésus nous demande de regarder tout simplement sans juger.

La douleur dans mon dos et dans mes épaules s'estompa graduellement et je fus aux anges lorsque je me suis réveillée plusieurs matins de suite, généralement sans douleur. Cela ne peut pas être si facile, me disais-je. Je faisais totalement confiance au processus de guérison mis de l'avant dans le Cours, tout en sachant que le système de pensée de l'ego n'allait pas se dissoudre en une seule nuit. Je n'allais pas croire avoir atteint un état d'éveil imaginaire. Après tout, je voulais la sainteté véritable !

L'ego n'allait pas toujours demeurer tapi en silence ; le bien-être grandissant ressenti de la paix comme choix privilégié allait bien brasser des anxiétés dans la brousse de mon esprit. Il allait surgir un jour ou l'autre. Et voilà qu'il se montra. Taureau relâché de son enclos, il fonçait droit sur tout le travail que j'avais fait pour défaire le système de pensée que j'avais décidé d'éliminer. *Paix, gentillesse, douceur ! Certainement pas*, se moqua-t-il. *Cela est beaucoup trop près d'un choix pour l'amour. Si tu ne veux pas te haïr, nous allons te trouver quelqu'un d'autre à détester.* Et, il a réussi. Les pauvres âmes paisibles, gentilles et douces que j'ai croisées ce jour-là n'avaient aucune idée de la profondeur et de l'intensité de la haine catapultée sur eux, leur seule faute ayant été de vendre un produit pour lequel je n'avais aucun intérêt. Il ne s'agissait pas d'une projection ordinaire ; elle était féroce. Tellement que le patient travail de Madame Hong fut annihilé, la douleur revenant en trombe, doublée de nausées.

4. Où est l'amour ?

Appel à la foi

À la dérive et en train de me noyer dans une mer de haine, c'est ma foi dans le processus du pardon qui m'a servi de bouée. Je m'y suis agrippée de toutes mes forces, sachant que je reviendrais éventuellement sur le rivage de ma paix d'esprit. Jésus était mon ancre et cela m'a permis de m'attarder sur mon choix de la haine. Elle était à la base de ma particularité, de ce qui me rendait unique et séparée. Le processus dura quatre bonnes journées ; c'était plus long que je n'aurais voulu, mais je comprenais que cette guérison prendrait le temps nécessaire pour défaire des habitudes acquises durant toute une vie de pensées erronées. Ce même pouvoir qui m'avait permis de mal choisir était accessible pour bien choisir, lorsque je serais prête. Comme le temps faisait partie intégrante de l'illusion, le moment présent était le meilleur pour choisir de manière juste. J'ai repoussé chaque expression de doute. Je regardais sans jugement, un choix insensé, un choix que je devrais remplacer sous peu par un choix sain. J'ai vécu l'épreuve de l'immersion dans la haine et je ne voulais plus jamais parcourir ce chemin sombre et solitaire. Cependant, j'acceptais de confronter la haine pour accéder à l'amour. J'y étais fin prête et je savais que ce serait un pas de plus vers mon but.

Toujours aux prises avec mon esprit erroné et croyant que je venais d'avancer d'un pas vers mon but, j'ai eu envie de me punir. J'ai eu une rage de gâteau au fromage que j'allais dévorer en entier pour m'écœurer ; j'ai ressenti l'envie de me soûler et d'engourdir tout sentiment de soi. J'ai tout de suite compris qu'il s'agissait de mon ego terrifié par la lente et constante progression du démantèlement de son système de défense, et j'ai pu ignorer mes folles envies. Je leur ai substitué de longues promenades, l'écoute de Ken Wapnick, du yoga, du jardinage, encore de la marche, de la cuisine santé avec fines herbes du jardin et un verre de vin au dîner. Le système de pensée de l'ego pouvait bien être insensé, moi, je ne l'étais pas. Je n'avais pas à être le pion dans son jeu d'autodestruction. J'ai observé et j'ai attendu patiemment pendant ce sombre passage, car je savais que cette étape faisait, elle aussi, partie du voyage et qu'à l'arrivée la lumière m'attendait.

Je suis demeurée connectée et j'ai placé toute ma foi dans le processus. Juste au-delà de la haine, il y a l'amour. Jésus nous demande de porter l'obscurité à la lumière et d'offrir la haine à l'amour. Partout où je regardais, j'apercevais des occasions de projeter la haine. Aucune importance si je connaissais la personne depuis une minute ou alors depuis toujours, la haine se trouvait là, prête à éclabousser toutes les personnes avec qui j'interagissais. Elle était sombre, rugueuse, palpable et nauséabonde. Alors je l'ai regardée, je l'ai observée et j'ai écouté la voix intérieure du Saint-Esprit.

Quand nous croyons être des pécheurs, nous ne faisons qu'exprimer une part du système de l'esprit de la séparation. Nous devons alors traverser la haine et le manque d'amour de soi sans rien faire. Notre seule option est de retirer la partie de nos esprits qui s'est investie dans les projections du mental. Nous devons pratiquer le déni utile, en niant le déni de la vérité. Comme il n'y a que l'amour qui soit vrai, la haine et toutes les autres émotions doivent nécessairement représenter le déni de la vérité. La seule solution est donc de nier le déni de l'amour. Faire le choix conscient de se retirer des projections de l'ego signifie l'entrée dans notre pur-esprit. Regarder sans juger, c'est nous joindre au Saint-Esprit. L'ego ne ferait pas cela. Il ne faut donc rien faire immédiatement. Cependant, il faut faire confiance au processus qui nous a menés jusqu'ici, car, comme il s'agit d'un processus naturel de retour vers l'entièreté, il est certain qu'il doit atteindre sa conclusion. L'amour, que la haine de soi empêche de connaître, fera surface et il saura dissoudre cette haine.

Si je n'avais pas été aussi bien informée par les enseignements du Cours, la personne coupable et mauvaise que je croyais être, aurait certainement été tentée de cacher cette haine, d'en nier l'existence et de trouver quelque chose dans le monde pour m'en distraire. Mais je suis restée avec elle jusqu'à en rire, car avec les jours qui passaient, elle devenait de plus en plus ridicule. Je me suis souvenue

4. Où est l'amour ?

d'un court métrage produit par la Royal Canadian Airfarce qui mettait en scène le comédien Roger Abbott qui imitait le chanteur Léonard Cohen :

Une mère, un enfant
Une fleur, le soleil
Je les déteste, je les déteste, je les déteste
Un sourire entendu
Une douce caresse
Une accolade chaleureuse
Un baiser qui languit
Je les déteste, je les déteste, je les déteste

Cette chanson devint mon hymne à la haine de l'ego et j'éclatais de rire lorsque mon ego dérapait en mode « haine ». Le matin du cinquième jour, je me suis levée avec une compréhension bien claire. La haine de moi-même, projetée sur mon corps, n'était pas réellement projetée sur moi ; elle était impersonnelle, car la haine constitue l'ego. Le soi véritable est incapable de détester ou de se sentir haï. Le faux moi n'existe pas. Alors où est la haine ? Si la colère n'est jamais justifiée, il doit en être de même pour la haine.

La haine projetée sur mon corps était complètement inutile ; elle n'avait rien à voir avec moi ni avec mon corps. Elle appartenait à un système de pensée illusoire et insensé qui ne m'appartenait même pas et je n'avais absolument pas besoin d'en être la victime. En fait, je ne suis pas l'ego ; je croyais seulement que cela avait été le seul choix disponible. À sa place, je pouvais choisir la paix ; ce que j'ai fait. En choisissant la paix, l'amour suit ; et c'est ce qui arriva. Eh oui, j'ai versé des larmes, des larmes, et encore des larmes.

> Tu penses avoir fait un monde que Dieu voudrait détruire ; et qu'en L'aimant, ce que tu fais, tu jetterais ce monde, ce que tu *ferais*. Par conséquent, tu as utilisé le monde pour couvrir ton amour, et plus tu t'enfonces dans la noirceur des fondements de l'ego, plus tu t'approches de l'Amour qui est caché là. *Et c'est cela qui t'effraie.* (T-13.III.4:3-5)

Connais-toi toi-même

Comment savoir si nous avons choisi l'amour ou la haine ? Nos pensées, nos sentiments et nos actes reflètent nos choix. L'amour ne voit aucune différence ; il est calme et paisible, libre de tout jugement, et perçoit les intérêts de chacun comme étant égaux et reconnaît que nous sommes tous un, entiers et saints, unis dans le Père, notre Source. L'amour ne donne pas naissance à des sentiments de particularité, car il ne voit pas la différence. Il ne place pas ses intérêts devant ceux des autres. Il écoute avec un esprit ouvert et un cœur qui pardonne et respecte les choix de nos frères ; l'amour sait que chacun d'eux a le pouvoir de choisir. L'amour sait, avec conviction, qu'il n'y a rien à faire, car l'impossible n'a jamais eu lieu.

Mon travail m'a permis de rencontrer d'innombrables individus qui ont lutté avec la culpabilité liée à l'impossibilité d'exprimer amour et bonté envers ceux qui, sont-ils convaincus à juste titre, le méritent. Un client me faisait part de la difficulté qu'il ressentait à s'entendre avec sa belle-fille. Je lui ai déclaré que tout ce qu'elle désirait était d'être aimée et acceptée et il n'eut rien à redire. En nous quittant, je lui ai suggéré de lui faire un beau gros câlin et il me répondit qu'il en était simplement incapable.

Nous savons tous pourtant que tout le monde mérite le même amour, mais comment faire pour l'exprimer à un parent envers qui nous ressentons du ressentiment profondément ancré pour une injustice perçue ? Comment pouvons-nous exprimer l'amour envers une personne que nous avons envie d'éviscérer à mains nues ? Cette apparente incapacité à exprimer l'amour universellement s'étend quasi toujours à nous-mêmes, bien que nous arrivions à porter un masque d'acceptation et de compréhension de soi tout à fait adéquat.

Nos efforts à être de bonnes personnes, nous les consacrons à des familles, des communautés et des sociétés auxquelles nous appartenons et envers lesquelles nous voulons être aimables, aimants et serviables. Nous sourions, nous sommes polis, nous donnons notre précieux temps et un peu de nous-mêmes, puis nous nous retirons

4. Où est l'amour ?

le soir, satisfaits d'avoir été de bonnes personnes. Après tout, encore aujourd'hui, nous n'avons tiré sur personne. Ce qui est camouflé par ces formes de l'amour mondain, c'est le gaspillage d'énormes quantités de cette soi-disant énergie créatrice pour trouver des milliers de manières de refouler la haine profonde que nous croyons éprouver envers nous-mêmes, sans même le savoir ; qui plus est, nous nous privons d'expérimenter cet amour véritable recherché avec tant d'ardeur. Comment pourrait-il en être autrement ? Comment pourrions-nous être véritablement aimants alors que nous sommes inconscients de la peur et de la haine qui se tiennent entre nous et l'amour qui constitue l'essence véritable de nos êtres ? Comment pouvons-nous être aimants quand l'amour est l'antidote de la haine dont l'ego a si désespérément besoin pour sa survie ?

Pour s'entraîner avant de tenter ce qui semble impossible à priori — s'aimer soi-même — il serait sage de se connaître. Il est impossible d'aimer ce que nous ne connaissons pas et le fait de connaître quelqu'un ou quelque chose signifie que nous l'aimons. Nous devons d'abord savoir à quel point nous avons peur de l'amour. Toutes les barrières à l'expression de l'amour doivent être considérées, mises à jour et relâchées. Pour ce faire, il est nécessaire de posséder la volonté et le courage, mais avant tout, un désir sincère de reprendre contact avec l'amour que nous croyons avoir troqué pour un fol instant de séparation. Nous devons ainsi apprendre à reconnaître les circonstances et les interactions particulières entretenues avec ceux qui nous font repousser l'amour, souvent d'une manière si subtile.

L'amour ne s'apprend pas ; il ne requiert aucun exercice, aucun enseignement ni de dogme. L'amour n'est ni un mot, ni une religion, ni une spiritualité, ni un livre, ni un enseignement. Aucune parole n'existe pour le décrire : il est, tout simplement. L'amour est l'extension naturelle de ce que nous sommes, comme Dieu nous a créés et comme l'amour est la nature même de Dieu, alors, elle est également la nôtre. L'amour nous a créés. L'amour est connu lorsqu'il est partagé inconditionnellement avec quelque chose ou quelqu'un d'autre.

Il doit être donné pour être reconnu. Comme l'amour est éternel, il ne peut s'épuiser ni se perdre. Donner l'amour en s'occupant de quelqu'un d'autre, c'est lui donner voix, permettre son expression naturelle et libre. C'est la seule manière de le connaître.

> Ta tâche n'est pas de chercher l'amour mais simplement de chercher et de trouver au-dedans de toi toutes les barrières que tu as bâties contre lui. Il n'est pas nécessaire de chercher ce qui est vrai, mais il *est* nécessaire de chercher ce qui est faux. Toute illusion est illusion de peur, quelque forme qu'elle prenne. Et la tentative pour échapper d'une illusion dans une autre est vouée à l'échec. Si tu cherches l'amour à l'extérieur de toi, tu peux être certain que tu perçois de la haine au-dedans, et tu en as peur. Or la paix ne viendra jamais de l'illusion de l'amour, mais seulement de sa réalité. (T-16.IV.6:1–6)

5. VOICI LE TEMPS DE LA FOI

Foi, croyance et vision sont les moyens par lesquels le but de sainteté est atteint. C'est par elles que le Saint-Esprit te conduit au monde réel, loin de toutes les illusions dans lesquelles ta foi était placée. Telle est Sa direction, la seule qu'Il voie jamais. Et quand tu t'égares, Il te rappelle qu'il n'y en a qu'une. Sa foi, Sa croyance et Sa vision sont toutes pour toi. (T-21.III.4:1–5)

D'un peu trop près

La plupart des étudiants du Cours en miracles ont atteint ou atteindront éventuellement un moment où ils refermeront le livre brusquement, le jetteront contre un mur ou par la fenêtre, le passeront dans la déchiqueteuse tout en blâmant son auteur. Cela m'est arrivé plus d'une fois. Être l'auteur de notre rêve signifie que nous sommes responsables de tout ce qui semble nous arriver dans le rêve, le bon, et malheureusement, le plus difficile aussi. Voilà ce que le Cours nous enseigne de plus difficile, son enseignement le plus indigeste pour ainsi dire ; personne ne désire être tenu responsable de ce qui lui arrive de problématique. Personne n'a envie d'admettre qu'il est l'auteur de ses douleurs, de ses dépressions, de ses angoisses, des ressentiments, des sentiments d'abandon, d'injustice, de solitude, de peines profondes ou d'inquiétudes. Il est certes plus aisé et plus réconfortant de trouver quelqu'un à blâmer pour notre manque de paix.

> Le secret du salut n'est que ceci : que tu te fais cela à toi-même. Peu importe la forme de l'attaque, cela reste vrai. Qui que ce soit qui prend le rôle de l'ennemi et de l'attaquant, c'est encore la vérité. Quoi que ce soit qui semble être la cause de

n'importe quelle douleur ou souffrance que tu ressens, cela est encore vrai. (T-27.VIII.10:1-4)

Lorsque nous sommes confrontés à cette réalité de jouer le premier rôle dans nos misères, la réaction naturelle est de s'en détourner. Nous rechercherons alors quelque chose qui nous apaisera, ne serait-ce que momentanément. C'est là que plusieurs étudiants se mettront à chercher d'autres spiritualités leur offrant des réponses aux problèmes qu'ils ont créés, pour lesquels ils préféreraient oublier leur responsabilité. Ces spiritualités mentionnent très brièvement ou pas du tout, leur rôle actif dans le scénario de leur malheur. *Un cours en miracles* va droit au but, à la source du problème : la décision de l'esprit de se croire séparé de l'Entièreté. Il nous enseigne également où trouver la solution : dans la vision qu'aucun problème n'existe en vérité, car la séparation n'aurait jamais pu avoir lieu. Le problème ainsi que sa solution se trouvent à l'intérieur de nos esprits. Mais même la plus courageuse des âmes vivra un certain inconfort lorsqu'elle s'engagera dans le processus dont le but est la déconstruction de toutes ses croyances.

Dès le début, sans le moindre moment d'hésitation, je me suis lancée dans le *Cours en miracles* sentant que c'était la bonne voie pour moi. Toute ma vie m'avait préparée à recevoir cet enseignement. Je m'y suis mise avec enthousiasme sans savoir dans quoi au juste je m'embarquais, car il est dans ma nature de procéder ainsi. Je suis un bourreau de travail et j'ai tendance à me jeter dans mes centres d'intérêt et mes projets, sans plan de match, certaine d'en trouver un en cours de route. C'est une approche qui a sa part de réussites et d'échecs, mais c'est l'approche avec laquelle je suis habituée. Avec un demi-siècle de pratique, pourquoi la changerais-je à présent ?

D'une certaine façon, c'est une chance que j'aie été si ignorante de la puissance du message du Cours, car si j'avais su de quoi il s'agissait, c'est-à-dire que j'ai, moi, à débusquer ma contribution dans mon propre manque de paix, je crois que je me serais enfuie de

5. Voici le temps de la foi

peur. Ce ne fut pas long avant que je réalise qu'appréhender un tant soit peu la métaphysique du Cours me prendrait du temps—voire énormément de temps, ce qui n'est pas facile pour la grande impatiente que je suis—mais je comprenais aussi que je ne pourrais pas l'appliquer dans ma vie courante sans en comprendre les principes essentiels. J'allais devoir m'y appliquer sinon je n'apprendrais pas véritablement de quoi il s'agissait. Même si la courbe d'apprentissage initiale était raide, il ne m'est jamais venu à l'esprit d'entreprendre une autre voie. Je m'engageais au long terme ; Jésus était pris avec moi comme étudiante et je ne m'en faisais pas si j'étais parmi les élèves le plus lents. Sa patience infinie allait équivaloir à ma détermination obsessive. *Amenez-en ! Je suis capable !* Allait devenir mon cri de guerre au cours du chemin de retour chez moi.

Je dois avouer que durant les premières années il m'était presque impossible d'appliquer à ma vie quotidienne les messages véhiculés dans le Cours. L'idée radicale voulant que le monde soit une illusion, une image externe, reflet d'une condition intérieure, ne me servait pas à grand-chose lorsque je devais faire face aux mille et un problèmes de la vie occupée et bruyante du monde : par exemple, payer les comptes bien réels, accumulés sur mon bureau, bien que j'aurais préféré qu'ils soient illusoires ! La vie suivait son cours normal et n'allait pas disparaître dans un proche avenir.

Je me suis concentrée sur l'étude et l'apprentissage de la théorie de cette voie toute nouvelle, sans faire de tentatives héroïques d'arriver à une application parfaite, en me pardonnant lorsque je trébuchais avec mes efforts, tentant de ne pas ajouter de culpabilité en commettant des gaffes énormes. Je continuais du mieux possible à vivre le quotidien dans un corps, malgré cette notion nouvelle m'apprenant que je vivais une vie illusoire dans un monde tout aussi irréel. Ce quotidien était au centre de l'étude du Cours y compris l'écriture ainsi que toutes les autres activités non reliées au Cours ; et tandis que j'avançais tant bien que mal, faisant des tentatives sincères pour pardonner à mon frère « ce qu'il n'avait pas fait », on aurait dit que les deux plans de mon existence ne se croisaient pas souvent.

Après plusieurs années, ma vie quotidienne a commencé à s'aligner à ma quête spirituelle. C'est dans l'écriture que je l'ai remarqué le plus. Chaque fois que j'abordais un chapitre ou une section en suivant une vague intuition que je devais partir de tel endroit cette journée-là, le sujet choisi se présentait à moi en tant qu'occasion de pardon ou d'apprentissage. Au début, je n'étais pas certaine si c'était l'écriture qui faisait des parallèles avec la vie courante, ou si, au contraire, les occurrences parallèles de la vie courante étaient provoquées par l'écriture.

Je réfléchissais à l'exercice de se placer en dehors du rêve avec Jésus pour simplement regarder, ce qui est un aspect essentiel du travail avec le Cours. M'observer dans mes activités, m'observer à jouer mes divers rôles, me retirer simplement et observer celle qui agissait. Un jour, je rêvais où mes études me mèneraient un jour. Que signifierait vivre dans un rêve plus doux ? Je venais de faire quelques courses et je reculais la voiture dans un stationnement quasiment vide. L'idée d'un doux rêve—cela me plaisait. J'y songeais alors que je repartais en marche avant et c'est là que j'ai aperçu la camionnette bleue à quelques centimètres de mon pare-chocs arrière. Je ne l'avais même pas remarquée en entrant dans l'auto. Si j'avais été dans un autre état d'esprit, impatiente, pressée, préoccupée par quelque problème à résoudre dans mon monde important, je l'aurais absolument heurtée. Ce qui m'a marquée, c'est que je suis partie sans anxiété, comme si rien du tout ne s'était passé. Ce jour-là, j'avais choisi avec force et conviction de faire l'expérience de la paix ; ce doux rêve en fut le résultat.

J'en conclus que les explications les plus plausibles de ces parallèles entre mes pensées et ma vie étaient sans doute la familiarité et le confort grandissant éprouvés envers le message du Cours, de même que le pouvoir décisionnel de mon esprit. Il m'apparaissait de plus en plus clair que les expériences vécues ne dépeignaient rien d'autre que ce qui était enfoui profondément dans mon esprit. Ce corps, vivant des expériences semblant avoir lieu en dehors de mon esprit, ne reflétait pas seulement ce que je croyais être vrai, mais plus étonnant encore, ce que je désirais être vrai. Mes expériences n'étaient pas toujours douces et paisibles.

> Quand la lumière se rapproche, tu te précipites vers les ténèbres, reculant devant la vérité, retraitant parfois vers des formes de peur moins importantes, et parfois vers la pure terreur. Mais tu avanceras, parce que ton but est d'avancer de la peur vers la vérité. Le but que tu as accepté, ayant signifié ton désir de l'atteindre, c'est le but de la connaissance. La peur semble vivre dans les ténèbres, et quand tu as peur tu fais un pas en arrière. Joignons-nous vite en un instant de lumière, et cela sera suffisant pour te rappeler que ton but est lumière. (T-18.III.2)

L'écriture est une activité profondément introspective et intellectuelle ; elle introduit une suite logique dans les facultés du mental, en tout cas, c'est l'expérience que j'en ai. Quand je termine un bloc d'écriture, je permets une pause à mon cerveau qui peut durer une ou deux journées, semaines ou plus. Une nouvelle perspective s'installe et me permet d'approfondir ou de raffiner les idées traitées et, parfois, d'entamer la correction du texte. Lorsque je travaillais sur ce livre, mon septième, j'ai constaté qu'une aisance nouvelle dans le processus d'écriture me permettait désormais de traiter différentes sections simultanément, sans ordre préétabli, ce que mon cerveau linéaire ne m'aurait jamais permis de faire auparavant. J'arrivais maintenant à traiter davantage de matériel de manière plus approfondie, car j'avais désormais plusieurs points à ma portée.

On pourrait imaginer qu'écrire stimule nécessairement l'inspiration et la compréhension, ce qui est vrai jusqu'à un certain degré, mais c'est plutôt lors des moments calmes, au réveil le matin, ou au cours des petites heures de la nuit, que cela surgit, alors que l'esprit est vide de toute analyse inutile, ce qui s'avérait difficile pour la dormeuse bienheureuse que je suis. Ce phénomène fut une clé importante dans ma compréhension des processus intellectuels et j'allais bientôt intégrer une leçon qui, à son tour, servirait à éliminer une barrière énorme entre moi et la vérité.

Puisque le but du *Cours en miracles* est de mener ses étudiants vers une nouvelle façon de penser, l'intensité de mon immersion dans un programme conçu pour défaire le système de pensée de l'ego n'allait pas tarder à faire bouillir le chaudron de mes peurs. Alors pas étonnant qu'au cours des longues périodes d'écriture, la bouillie de l'ego gicle partout. Mais aussitôt revenues les activités routinières et familières, l'enfant gâté qu'est l'ego se calmait, rassuré de sa position intacte en tant que système de pensée chéri.

Après avoir mis de côté le premier jet du chapitre sur la haine, dont j'avais eu un véritable plaisir à écrire, et dont compte tenu du sujet, je n'émergeais pas trop secouée, je me mis à réviser celui sur le mythe de la séparation, regardant une fois de plus le redouté trio du péché, de la culpabilité et de la peur. L'ego n'avait jamais aimé que je me penche sur ces questions brûlantes et en général lorsque je m'y mettais il faisait tout pour me distraire avec les routines habituelles : vérifier mes courriels, mettre ma page web à jour, désherber mes plates-bandes, faire la lessive et oui, même faire des muffins, n'importe quoi pour tenir mon esprit tourné vers l'extérieur. Je suppose néanmoins que j'y avais été un peu fort, car je préparais également un atelier sur les relations particulières avec la haine, cachée juste derrière les déclarations d'amour de l'ego, autre sujet qu'il affectionne. Ce mélange explosif ne pouvait qu'agiter les objections stridentes venant de mon ego. Il n'y avait que deux résultats possibles : une expression de peur que je ne prenne ce *Cours en miracles* au sérieux, ou bien la paix, venant de la reconnaissance tranquille de la vérité. Ce serait l'un ou l'autre, mais pas les deux en même temps. Ceci est la nature de l'esprit divisé.

C'est à ce moment que j'ai ressenti de plein fouet la peur et la résistance de l'ego. En fait, il m'a carrément embusquée ; j'avais dû creuser un peu trop près de la vérité sur l'unité parfaite et mis en grave danger le confort de mon existence en tant qu'être séparé. Sans doute menacée par mes incursions quotidiennes dans un

5. Voici le temps de la foi

Cours qui ne visait rien de moins que sa déconstruction, la partie de mon esprit identifiée au système de pensée divisée n'avait plus le choix : l'ego devait trouver le moyen le plus rusé pour attirer mon attention hors des profondeurs paisibles d'esprit que j'atteignais maintenant, et hisser à nouveau cette attention dans le monde où son règne serait rétabli encore une fois. *Sortez cette femme loin de son esprit, et vite !* ordonnait l'ego.

Afin de répondre au besoin désespéré de l'ego de parer les menaces à son existence illusoire, l'univers me présenta l'occasion idéale pour me délester de la culpabilité et de peurs bien enfouies en moi sous la forme du message d'un lecteur que je connaissais depuis longtemps qui critiquait mon dernier livre et mon travail avec le Cours. L'ego reconnut immédiatement tout le potentiel de cette situation pour me fournir un beau grand conflit, interminable et déprimant. Usant de mon pur esprit, cela me semblait facile de passer outre et d'en rire ; c'était juste des vétilles et je pouvais bien m'en tenir à cela. *Pas si vite, madame !* entendis-je dire l'autre partie de mon esprit. Il existait déjà des différences d'opinions entre moi et cette personne ; par conséquent, du point de vue de l'ego, les conditions étaient parfaites pour y brasser un peu de conflits. Incapable de demeurer avec le pur esprit, et plus précisément, en faisant le choix de protéger mon soi blessé et divisé, je suis tombée dans le piège à pieds joints ; je suis tombée de haut.

En premier lieu, je me suis rappelé que je n'étais nullement responsable des sentiments de cette personne, mais cela ne m'étais pas de grand réconfort. C'est très facile de nous rendre responsables des sentiments éprouvés par les autres et de se sentir coupables de la peine de l'autre. Par contre, si nous regardons ce phénomène sous l'angle où chacun est responsable de ses sentiments, se rendre responsables des actes et des réactions d'un autre nous confère un pouvoir que nous n'avons pas et qui n'est qu'une manifestation de plus de l'arrogance de l'ego. Chacun possède en tout temps, le pouvoir de choisir entre la paix et le conflit. C'était pourtant insuffisant pour me ramener à mon pur esprit.

Bien que nullement responsable des sentiments de cette personne, j'étais consciente d' responsabilité de ma perception de la situation et de mon choix de la percevoir avec les lentilles embuées de l'ego. Ce que je vis me paraissait être une attaque et ma réaction initiale fut de me mettre sur la défensive. La leçon 153 du Livre d'exercices pour étudiants affirme qu'« En ma non-défense réside ma sécurité », mais cela ne suffisait pas. Je m'étais sentie attaquée et ma première réaction a été de me défendre, ce qui était simple et peu spirituel. Si j'étais demeurée assez longtemps avec mon pur esprit, j'aurais pu voir l'incident comme un appel à l'amour ou comme une expression de peur, car les attaques envers un frère ne sont que cela et rien de plus ; à la place, je n'ai vu qu'une attaque injustifiée et méchante.

Cette personne avait visé mon écriture et mon travail avec le Cours ; l'attaque ciblait ma quête, une partie si importante de ma vie. Le Cours nous enseigne qu'aucune hiérarchie n'existe, même pas pour classifier son travail. L'ego, évidemment, percevait qu'à ce moment-là, mon « travail » avait plus d'importance à mes yeux que l'appel à l'amour lancé par cet incident. Cela prouvait que je ne désirais pas la paix ni l'amour et que l'amour ne pouvait supplanter le travail. Je me sentais sans défense devant l'attaque, je ne souhaitais pas engager le conflit. J'ai sombré dans une mer de doutes en tant qu'auteure et finalement, par rapport à mon cheminement avec le Cours. En moins de temps qu'il n'en faut pour dire « pardonner », j'avais laissé filer ma précieuse paix, dès que j'ai été aux prises avec une prétendue injustice. Quelle espèce d'étudiante du Cours étais-je donc ? Cette personne avait-elle eu raison ? Ma voie spirituelle était si peu pratique. Les moments de grâce et de paix profonde éprouvés depuis peu, doublés de mon désir de retour chez moi, n'étaient-ils que chimères ? Je fis appel au Saint-Esprit pour m'aider à échapper à cette noirceur horrible et pour voir la situation autrement.

Malgré la sincérité de mes prières, je me suis engloutie dans un abysse sans lumière, gracieuseté de l'ego. Au lieu de voir la lumière, on aurait dit que des vies entières de doléances, d'injustice,

5. Voici le temps de la foi

d'amertume, de tristesse et d'abandon se mirent à suinter des crevasses cachées de mon esprit, étouffant tout espoir, devenant une force impossible à ignorer qui plongeait dans la noirceur chaque fibre de mon être. Bizarrement, et par chance, j'ai pu écarter cette noirceur au cours de consultations avec mes clients. Étrangement, mes intuitions devenaient de plus en plus nettes lorsqu'il s'agissait d'eux. Il n'en était pas de même pour moi, dont l'esprit broyait encore du noir. Dans ces moments j'aurais dû ressentir un maximum de paix, c'est pourtant là que le nuage noir dans mon esprit était le plus insistant. En réalité, la paix m'avait abandonnée, me laissant seule à me noyer dans ma croyance désespérante que la sainteté n'était pas permise à une nature damnée comme la mienne.

En tâtonnant aveuglément dans le néant de mes pensées à la recherche de conseils divins, j'ai repris le gros livre bleu et j'ai lu. Voici le temps de la foi, nous rappelle Jésus. *Voici le temps de la foi*, ai-je répété. Le Saint-Esprit m'avait entendue et il m'avait répondu. J'ai tenté tant bien que mal d'éloigner mon « blues » en regardant la télévision, mais rien ne m'intéressait ; j'aimais la cuisine, pourtant la nourriture me réconfortait peu. Les saveurs avaient disparu. Même mon jardin perdait de sa magie à mes yeux ; de la végétation, colorée, belle aux yeux des passants, mes propres yeux n'y voyaient plus aucune beauté ; ils voyaient de la noirceur. J'ai finalement cessé d'écrire, même s'il s'agissait de l'activité qui nourrissait le mieux tous les niveaux de mon être. Comment pourrais-je prétendre écrire un livre intitulé « Je choisis le miracle » alors que ledit miracle m'échappait toujours.

Voici le temps de la foi.
Aie foi en Celui Qui t'a répondu.

Je traversais la partie la plus difficile de mon cheminement alors que je pataugeais dans le bassin malsain des émotions les plus pénibles, incluant le chagrin, la colère, le désespoir et, la pire de toutes, la culpabilité profonde.

Je dois regarder les ténèbres pour atteindre la lumière.

J'ai regardé, mais la noirceur y resta pendant que la tache du péché s'établissait dans mon esprit—témoignage troublant de mon échec comme étudiante du Cours.

Je n'ai pas besoin de faire quoi que ce soit.

Qu'y avait-il à tenter devant une culpabilité aussi écrasante ? J'ai regardé la noirceur ; je passais mes journées avec elle, et j'étais reconnaissante de son absence pendant les heures où mon esprit était pris par le travail, soulagée d'avoir un répit pendant que je dormais, et souhaitant sa disparition à mon réveil. Mais cette noirceur revenait tous les matins.

> Tu n'as jamais confié au Saint-Esprit un seul problème qu'Il n'ait pas résolu pour toi, et jamais tu ne le feras. Tu n'as jamais essayé de résoudre quoi que ce soit toi-même avec le moindre succès. N'est-il pas temps de faire le rapprochement entre ces faits pour en saisir le sens ? (T-16.II.9:1–3)

Avant de m'endormir, je demandais au Saint-Esprit de me guider pour traverser ce tronçon d'obscurité. En étudiant le Cours, le processus m'a appris que le meilleur moment pour entendre les conseils était au réveil avant de poser le pied hors du lit et avant que les affaires de la journée prennent place dans ma conscience à peine réveillée. C'est souvent à ce moment-là que je recevais les réponses à mes prières de la veille. Ainsi, un bon matin je me suis réveillée avec une lueur d'inspiration au sujet de ma situation. J'avais bien regardé la noirceur comme le Cours l'exigeait, mais je l'avais fait avec le mauvais enseignant. Mon choix de voir l'obscurité s'était muté en piège duquel je n'allais sûrement pas pouvoir m'échapper si je continuais à regarder avec l'ego. L'observation avec le mauvais esprit rend tout réel. Lorsque l'on est pris dans le système de pensée cauchemardesque, fuyant et rusé de l'ego, il n'y a pas d'autre option que de voir la noirceur, car en choisissant avec l'ego, nous renonçons obligatoirement à la lumière. La lumière, la joie et la paix ne peuvent habiter un monde créé pour les occulter. Je cherchais une solution par moi-même et j'avais omis d'être vigilante quant au choix de mon enseignant ; je faisais à ma tête, *encore une fois*. J'avais oublié de regarder avec Jésus. Problème.

Oops !

> Ce sont tes seules pensées qui te causent de la douleur. Rien d'extérieur à ton esprit ne peut te blesser ou te faire mal, en aucune façon. Il n'y a pas de cause au-delà de toi-même qui puisse descendre et t'apporter l'oppression. Nul autre que toi-même ne t'affecte. Il n'y a rien au monde qui ait le pouvoir de te rendre malade ou triste, faible ou fragile. (L-pI.190.5:1–5)

Voir le problème tel qu'il est

Ne désirant rien d'autre que de m'échapper du sombre piège du désespoir dans lequel je m'étais laissée engouffrer par mégarde, j'ai agrippé la main de Jésus, je me suis relevée et je me suis remise dans la partie. Cette situation me paraissait étrange et certainement disproportionnée ; je n'avais jamais éprouvé de telles émotions d'antipathie auparavant, envers cette personne ni envers qui que ce soit. De toute évidence, c'était la réaction exagérée d'un ego très apeuré. Ce temps passé à « flirter » avec l'idée que je pourrais atteindre la paix de Dieu et rentrer chez moi a été difficile pour mon soi, toujours rattaché à l'ego. Pendant que ma préférence pour la paix et mon désir pour l'Amour de Dieu s'étaient renforcés, l'ego devenait moins assuré de sa place particulière dans mon esprit et il était de plus en plus menacé, naturellement.

Le contraste entre ce que je ressentais en choisissant avec l'esprit juste et avec l'esprit faux était net et cela demeure une expérience que je n'oublierai jamais. En fait, c'est une expérience dont je me sers pour prendre du recul quand je suis sur le point de choisir avec l'ego. Je savais que le Saint-Esprit ne peut pas choisir à ma place ; même Jésus ne le peut pas. Cependant, je savais qu'ils pouvaient m'aider à voir la cause de ma détresse: mon désir de maintenir l'état illusoire de séparation. La vie m'apparaissait obscure parce que je continuais de choisir avec l'ego, là où aucune lumière n'existe. Je pourrais choisir autre chose à ma convenance, lorsque je serais prête. Je voulais bien aller vers mon pur esprit et voir les appels à l'amour toujours présents de chaque côté de cette confrontation, mais je demeurais prisonnière de l'esprit faux, convaincue qu'on pouvait réellement m'attaquer et réussir à dissiper ma paix chérie ; j'étais, en effet, attachée à une noirceur que j'avais moi-même choisie.

> La condition nécessaire de l'instant saint ne requiert pas que tu n'aies pas de pensées qui ne soient pures. Mais cela requiert que tu n'en aies aucune que tu veuilles garder. (T-15.IV.9:1–2)

Heureusement, Jésus ne nous demande pas d'être des experts infaillibles de l'exercice du pardon ; si nous l'étions, nous n'aurions pas besoin de son Cours. Gentiment et sans nous juger, il nous montre combien nous ne voulons pas pardonner et, en conséquence, comment nous nous sentons mal. Confrontée à ma propre incapacité à pardonner, je fus abasourdie par le peu de progrès réalisé en ce sens. C'était franchement décourageant. Cherchant à être réconfortée, j'ai repris le gros livre bleu, là où je m'étais arrêtée la semaine précédente. Comme je m'y attendais, la Leçon 198 m'aida à mieux comprendre ma situation : « Seule ma condamnation me blesse ». Probablement que j'aurais trouvé l'aide dans plusieurs autres leçons, car le message du Cours est simple et cohérent du début à la fin, mais c'est là où j'avais interrompu ma lecture. J'ai donc réfléchi à fond au fait de ressentir autre chose que la paix immuable, un ressenti trop fréquent à mon goût; c'était l'indicateur d'un choix à l'encontre de la paix. Le plus infime jugement, l'accusation la plus bénigne, le moindre ressentiment, tout désir de particularité, un soupçon de défensive représentent la condamnation de l'amour. Il s'agit pourtant de mon dû et celui de mes frères.

La foi chancelante

Je n'étais pas prête à jeter l'éponge, je n'ai pas reculé. Après tout ce chemin parcouru dans mon apprentissage, le moment était venu de le mettre en pratique. D'ailleurs, je désirais une relation guérie entre cette personne et moi. Mais les jours passaient et la noirceur persista et finalement, je me sentis abandonnée. Voilà comment l'on se sent lorsqu'on croit que notre séparation d'avec Dieu est réelle ; aucune parole n'arriverait à décrire la dévastation et le vide qui accompagnent la croyance qu'il n'y a rien au-delà de l'obscurité. Ma foi se mit à chanceler alors que je doutais de pouvoir traverser cette phase ; j'avais peur de ne pas remonter jusqu'à la marche d'où j'avais dégringolé.

Les lecteurs de mes deux livres précédents savent combien j'admire Ken Wapnick. Mes 2000, voire 2500 heures d'écoute de ses séminaires avaient-elles fait de moi une harceleuse, ou avais-je seulement été une élève lente et spirituellement simplette ? Pour la première fois, je me suis retrouvée incapable d'écouter Ken Wapnick comme d'habitude, en fin de soirée. Je l'ai détesté - seulement un bref instant. Pourquoi ce Cours était-il si difficile ? C'était réservé aux personnes saintes comme Ken Wapnick de parler du péché, de la culpabilité et de la peur, en nous invitant à la simplicité de voir par l'esprit juste et laisser couler, sans nous juger et rire même de cette folle idée. Mais Ken Wapnick marchait presque sur l'eau ! Ne transformerait-il pas l'eau en vin tant qu'à y être ? Ne marcherait-il pas sur le vin ? Nous, les gens de la non-sainteté, allions devoir travailler davantage pour qu'on nous laisse seulement approcher les portes célestes. Je protestais en cherchant un sujet réconfortant dans mon lecteur MP3. Je n'abandonnais pas pour autant. « Amour, nuit noire, flamme vive ». J'avais écouté ce discours une douzaine de fois au moins ; j'y trouverais sûrement ce dont j'avais besoin.

Ken Wapnick explique qu'il est tout à fait possible d'opérer dans le pur esprit et de ressentir des douleurs ou de l'inconfort malgré tout. Le fait est qu'en m'observant, dans n'importe quel état, confortable ou pas, je suis dans le pur esprit. Ce savoir a facilité la traversée de ma phase obscure. Bien que la noirceur planait encore sur mes journées, j'appréciais le retour de ma foi dans mon nouvel Enseignant. J'observais ces événements sans juger et donc, je n'ajoutais pas à la culpabilité. Alors, si je regardais sans jugement, je devais me trouver dans la partie de mon esprit qui décide. Voilà le siège de tout pouvoir ; l'habileté de l'esprit à choisir. L'ego me fermait l'accès à ce secret en me fournissant des distractions dans le monde.

Alors, il ne me restait qu'à regarder, et attendre, toujours avec Jésus, sans me juger. J'ai compris à ce moment que la partie de moi, identifiée à l'ego et à son système de pensée, avait choisi le conflit, s'agrippant à la noirceur et désirant très ardemment aviver en moi la douleur de la séparation. Rien ne l'arrêtait pour me maintenir dans l'illusion de la séparation. Autant je disais vouloir la paix de Dieu, autant j'aspirais à voir tous mes frères sans péché, je souhaitais voir la lumière du Christ en eux, autant je désirais encore plus entretenir mon existence séparée. En vérité, une partie de moi ne voulait pas lâcher mes anciennes rancunes, car la mémoire de ces rancunes définissait qui j'étais.

> La voix de l'ego est une hallucination. Tu ne peux pas t'attendre à ce qu'il dise : « Je ne suis pas réel. » Or il ne t'est pas demandé de dissiper seul tes hallucinations. Il t'est simplement demandé de les évaluer en fonction de leurs résultats pour toi. Si tu ne les veux pas à cause de la perte de la paix, elles seront enlevées de ton esprit pour toi. (T-8.I.2:2–6)

Les mensonges de l'ego

Un courriel de mon amie Susan Dugan me rappela que l'ego ment… et ment, et ment encore. Ainsi l'ego faisait en sorte que je ne me croyais pas à la hauteur de l'enseignement du Cours. Il avait essayé de me convaincre de mon incapacité à régler le problème par moi-même, que j'avais été abandonnée par le Saint-Esprit, que j'étais responsable de la perte de la paix chez mon frère, dépossédée des clés pour résoudre le problème, sans parler de mon but ridiculement élevé d'arriver au ciel. L'ego avait intérêt à ce que j'échoue ; mieux encore, il voulait que j'abandonne totalement ma quête. Mais je n'aurais jamais abandonné. J'avais la confiance d'être guidée hors de cette période sombre, de préférence plus tôt que tard.

5. Voici le temps de la foi

Veux-tu voir ton frère sans péché ? Nous demande Jésus.
Oui ! ai-je répondu avec mon pur esprit.
Non ! Venait la réponse de l'ego.
Pourquoi ne pouvais-je pas simplement tout laisser tomber ? S'il te plait, laisse donc tomber !

La survie du moi coupable que je croyais être dépendait uniquement de ma croyance bien inculquée voulant que si je perdais ma paix, la cause provienne nécessairement d'un frère m'ayant « fait quelque chose ». J'avais besoin de percevoir ainsi pour établir et prouver mon innocence ; mon frère était coupable d'une basse attaque et j'en étais l'innocente victime. Sous cet angle, j'aurais besoin de voir des doléances, et à leur tour elles jetteraient un voile sombre sur l'Amour de Dieu, celui que je cherchais de tout mon cœur.

Cette spiritualité te dépasse complètement, se moquait la voix sombre des ténèbres. *Tu n'es pas, et ne seras jamais une sainte personne. Arrogante ! À quoi pensais-tu ! Ramana, Brother Lawrence, oui. Mais toi ? Quelle folle idée !*

Mais comment la création de Dieu peut-elle être autrement que sainte ? répliquai-je courageusement. De toute évidence, l'ego mentait encore ; mais c'est tout ce dont il est capable. Il ment… et ment, et ment encore. Mes prières en fin de journée furent succinctes : assez, dis-je à Jésus. Je n'allais plus me laisser prendre en otage par un système de pensée qui ne génère que des idées noires et folles.

> Si tu savais Qui marche à tes côtés sur le chemin que tu as choisi, la peur serait impossible. Tu ne le sais pas, parce que le voyage dans les ténèbres a été long et cruel, et tu y es entré profondément. Un petit battement de tes paupières, si longtemps fermées, n'a pas encore suffi à te donner confiance en toi, si longtemps méprisé. (T-18.III.3:2–4)

Pour mes frères

Au réveil le lendemain, j'ai réalisé qu'il ne m'était nullement nécessaire de connaître la douleur et les angoisses des ténèbres, même en les regardant. C'était ridicule. Le processus était d'une simplicité désarmante : soit nous choisissons les ténèbres, soit nous choisissons la lumière. À ce stade de mon cheminement, je n'allais pas succomber aux tours de l'ego, peu importe sa ruse. Je me préoccupais néanmoins qu'en dépit de mon apprentissage, j'avais quand même choisi l'esprit faux au lieu du pur esprit, l'obscurité au lieu de la lumière. Les jours suivants avaient leurs moments sombres, mais pas les activités professionnelles, heureusement. J'ai pu, tant bien que mal, continuer toutes les menues tâches de la vie sans trop d'inconfort ni d'intrusion de l'ego.

Je pensais au livre qui ne s'écrivait pas, et aux courriels de lecteurs qui attendaient une réponse sur l'avancement de l'écriture. Enfin, j'ai prié pour obtenir l'aide afin de traverser cette obscurité ; si ce n'était pas pour moi, alors ce serait pour mes frères.

Je veux y arriver pour mes frères qui cheminent avec moi. Allons-y, dis-je à Jésus. *Je suis prête à affronter la plus sombre des nuits. Je le ferai pour mes frères. Je le peux.*

Au réveil, j'avais compris pourquoi il m'était si difficile de lâcher prise sur mes doléances. J'étais encore amarrée à la peur de l'amour. Lorsque j'ai demandé de l'aide pour mon frère et pas pour moi seule, je me suis souvenue que nous cheminons ensemble vers la lumière, unis, sous peine de n'aller nulle part. Mon frère n'avait pas nécessairement à étudier le *Cours en miracles*, mais, comme nous sommes Un, il était primordial que je laisse tomber mes doléances pour que mon frère soit libéré de la noirceur. La libération de mon frère est la mienne. Maintenir un résidu de doléance, même insignifiant, obscurcira toujours la lumière. C'est en laissant aller nos rancœurs que nous permettrons le retour de la lumière. J'ai ensuite été inspirée à écrire à cette personne, avec l'aide du Saint-Esprit. Le message était empreint de bonté et de douceur. Il exprimait l'espoir de guérison et d'amour. Plusieurs nuits plus tard, j'ai rêvé que nous échangions une étreinte chaleureuse ; il n'y avait que l'amour.

Le bon samaritain du Saint-Esprit

Ma confiance envers mes études du Cours était quasi disparue et je ne m'étais pas remise à l'écriture. Je plaisantais à peine en affirmant que j'allais devoir travailler chez le nouveau fleuriste. Un ami demanda même s'il y avait des disponibilités d'embauche chez un fleuriste de son quartier. C'était en plein milieu de cette bouffée d'ego que j'ai reçu le courriel de monsieur Lin de Taïwan, ce qui s'est avéré être l'une des nombreuses fois où, par un acte de grâce, j'ai été doucement redirigée sur les rails. Monsieur Lin, un dirigeant à la retraite, consacre maintenant sa vie à diffuser l'enseignement du Cours en miracles en Orient. Il m'écrivait pour me demander si je voulais faire traduire *Leaving the Desert* en Chinois. Mon esprit comprenait à peine comment mes écrits pouvaient aider qui que ce soit, malgré cette confirmation de l'intérêt grandissant pour le Cours, à Taïwan et en Chine.

Nous avons échangé plusieurs courriels pendant les semaines suivantes afin d'élaborer le projet. Pendant ce temps, ma confiance revenait petit à petit. Mon écriture aurait-elle quand même de la valeur ? Qui plus est, monsieur Lin était aussi admirateur de Ken Wapnick et maîtrisait très bien les savoirs du Cours. Monsieur Lin fut un rocher déposé sur mon chemin pour me permettre d'avancer avec sûreté, dans cette sombre époque sur le retour. Notre amitié florissante m'a tout doucement permis de retrouver mes repères avec lesquels, bien qu'encore hésitante, je pus reprendre l'écriture. Il ne fait aucun doute que le Saint-Esprit nous a dirigés l'un vers l'autre.

6. COMBLER LE FOSSÉ

> Les miracles réarrangent la perception et placent tous les niveaux en vraie perspective… Les miracles sont des exemples de justesse de pensée, qui alignent tes perceptions sur la vérité telle que Dieu l'a créée… Le miracle est une correction introduite par moi dans la pensée fausse. Il agit comme un catalyseur, morcelant la perception erronée et la réorganisant correctement… Les miracles viennent d'un état d'esprit miraculeux, ou un état dans lequel l'esprit est prêt pour les miracles. (T-1.I.23:1 ; 36 ; 37:1–2 ; 43)

La fin des illusions

Les clients autant que les lecteurs me demandent parfois si je connais d'autres voies spirituelles. En général, ces questions font référence à des livres fraîchement sortis, à de nouvelles approches spirituelles, des enseignants trouvés sur le Web, des adaptations et des prétendues améliorations sur les traditions spirituelles, même des approches nouvelles et des versions alternatives du Cours. Pour la plupart, je répondais non. Je ne m'étais pas familiarisée avec ces approches, encore moins avec les plus récentes. Je n'allais certainement pas continuer à papillonner alors que j'avais trouvé, enfin, la voie qui me servait le mieux. Je m'épuiserais ! D'ailleurs, abandonner le navire en pleine traversée retarderait nécessairement le but tant voulu. Le Cours en miracles se dit une voie parmi des milliers d'autres, il demeure unique cependant, car le curriculum est conçu pour aller directement vers son but, sans détour, sans perte de temps, sans nous perdre en cours de route, du moins cela est l'objectif lorsqu'il est étudié en compagnie du bon Enseignant.

6. Combler le fossé

C'était l'approche qui convenait à la nature directe, impatiente et motivée de la protagoniste de mon récit.

Je m'expliquais en disant que si je voulais me rendre d'est en ouest, de Montréal à Vancouver, je partirais certainement sur l'autoroute en droite ligne. De même, je choisirais de faire le voyage dans une voiture bien équipée et spacieuse, avec un GPS en plus ; je me doterais de tout ce qui contribuerait à un voyage aisé. Si je partais en « bazou » ou que je louais une petite voiture hybride expérimentale, il était plus que possible que je n'atteigne jamais ma destination. D'autre part, je pouvais tout aussi bien partir vers New York, continuer en direction de La Nouvelle-Orléans, me rendre chez des cousins à Mexico, descendre jusqu'à Buenos Aires voir d'autres amis encore ; je pourrais faire des escapades à gauche et à droite en cours de route, m'arrêter chez des amis en Californie, et, bien entendu, rendre visite à une très bonne amie, Susan, au Colorado. En postant un message sur les réseaux sociaux, je pourrais faire des visites amicales pendant 25 ans ! C'est évident que la route directe était la plus payante et ferait gagner du temps. Il s'agit d'établir si nous voulons que le retour chez nous se fasse lentement ou rapidement.

Personnellement, le Cours m'est tout de suite apparu comme le forfait tout inclus, bien cartographié, aux directives claires et nettes, avec un véhicule qui me permettrait de naviguer confortablement sur mon chemin de vie de façon à ce que, avec persistance, tout en demeurant sur la route, j'atteigne ma destination choisie. Il était réconfortant de savoir que cette voie nous permettait d'avoir du plaisir en cours de route, tout en exigeant un minimum d'effort. Je mens un peu, peut-être, car nous aurons toujours à faire face aux embuscades et aux distractions de l'ego, mais, peu importe, le but avait été défini et je ne doutais plus de l'atteindre.

Je détenais un exemplaire relié de la troisième édition officielle d'*Un cours en miracles*. J'étais étudiante de Dr Kenneth Wapnick, et voilà, c'était le chemin auquel je m'accrochais contre vents et marées. Naturellement, comme j'avais entrepris ce voyage avec mon fidèle compagnon, vous savez de qui je parle, il ne m'était pas venu à l'idée que j'en faisais une démarche plutôt spéciale. Un tantinet. Par la même occasion, je ne me suis pas rendu compte que mes pérégrinations transcontinentales étaient devenues étrangement homogènes, avec très peu de changement de paysage. Pas de souci, j'étais une élève dévouée et déterminée du Cours, possédant une compréhension de plus en plus solide de la métaphysique du péché, de la culpabilité et de la peur, et de son architecte en chef, l'ego. Alors, j'étais satisfaite de mon progrès sur le chemin du retour.

Ainsi, lorsque monsieur Lin, pour qui j'avais un respect grandissant, me demanda si je connaissais le livre *Graduation : The End of Illusions* (la fin des illusions) mettant en dialogue Jésus surnommé Raj, et un certain Paul Norman Tuttle, je ressentis l'ego se hérisser un petit peu. L'ego et moi avions une belle relation ; il m'érigeait des obstacles et des circonstances que je franchissais et je les gérais de mon mieux. Malgré le fait qu'il trouvait des manières de plus en plus sophistiquées de se faufiler dans mes pesées, je demeurais inébranlable dans mon intention de sainteté. C'était un excellent partenariat. Nous voyagions ensemble dans le confort. Pourquoi faire des vagues?

Non, pensais-je, défendant mon chemin confortable et familier. *Jamais entendu parler de ce livre. J'avais mon enseignant, ma voie et je trouvais que j'en avais bien assez dans l'école de ma vie sans ajouter d'autres approches.* C'était ma réponse silencieuse et automatique. L'Internet s'était mis à foisonner de matériel nouveau traitant du Cours et je me retranchais dans ma confusion juste à y penser. D'ailleurs, de plus en plus, je ne désirais qu'une simple expérience de la vérité. Cependant, étant donné mon estime pour le grand savoir de mon nouvel ami au sujet d'*Un cours en miracles*, je lui ai promis de chercher le livre en question. Monsieur Lin était, après tout, un « Wapnickien », et il ne me conduirait sûrement pas à m'égarer de mon parcours. Malgré mon ambivalence à ouvrir un autre tome soi-disant dicté par Jésus, ma curiosité gagna. En plus, j'ai été agréablement surprise de découvrir le texte téléchargeable gratuitement sur le site de la Northwest Foundation for *A Course in Miracles.*

> Le Royaume des Cieux est la demeure du Fils de Dieu, qui n'a pas quitté son Père et ne demeure pas à part de Lui. Le Ciel n'est ni un lieu ni une condition. C'est simplement la conscience d'une parfaite Unité, et la connaissance qu'il n'y a rien d'autre : rien en dehors de cette Unité, et rien d'autre au-dedans. (T-18.VI.1:4–6)

J'ai dévoré *Graduation* en une nuit. D'abord, j'ai dû me familiariser avec la terminologie, différente de celle dont j'étais habituée, mais je me suis vite sentie parachutée dans une classe avancée d'*Un cours en miracles*. Toutes les bribes de mon apprentissage des années précédentes se mirent en place, comblant les vides dans le puzzle géant de la vérité. Dieu est ici, maintenant ; nous sommes en plein milieu du Royaume des Cieux ; nous ne l'avons jamais quitté, donc, il n'y a nulle part où aller. Nous imaginons seulement être dans des formes denses et physiques que nous appelons nos corps.

La raison pour laquelle cette expérience nous semble si réelle, c'est que nous avons abandonné la perception vraie au profit de la perception fausse livrée par les sens, une perception fausse ne pouvant nous laisser que dans un état de vision limitée, l'ignorance. Avec la perception fausse, il ne peut y avoir qu'une réalité illusoire, une image déformée et limitée de la vérité, et ainsi la vérité s'efface de notre conscience. L'illusoire est fantasmé ; un désir vide sans aucun pouvoir de changer la réalité. Tandis que dans notre expérience juvénile collective de séparation nous avons peut-être repoussé le Ciel de nos esprits, et, ce Ciel, hors d'atteinte nous laisse avec seulement une illusion d'un monde hors du Ciel. En réalité, il n'existe que le Ciel.

Et bien !

Dieu est ici, maintenant ; nous sommes au milieu du Royaume des Cieux.

J'ai réfléchi à cette nouvelle prise de conscience pendant des jours. Je savais déjà tout cela, mais maintenant je le *savais*. J'ai alors récapitulé ma vie, pour constater que je m'étais laissée distraire au cours de ma grande quête de la vérité en poursuivant toutes sortes d'enseignements spirituels, alors qu'en réalité, la vérité avait été présente depuis toujours. C'était une vie vécue en croyant que Dieu se trouvait à un univers d'ici, en croyant que le Ciel était inaccessible à des personnes telles que moi. Cinquante-sept années à croire le mensonge, alors que la vérité était pourtant là, attendant que je puisse la voir.

Dieu est ici, maintenant ; je suis au milieu du Royaume des Cieux.

J'avais bien envie de me culpabiliser d'avoir été si nulle. Je voulais à la fois pleurer, rire, me réjouir et pleurer encore, tellement je ressentais la gratitude d'être secouée et réveillée de cette stupeur spirituelle dans laquelle je semblais être tombée par inadvertance— non, pas vraiment par inadvertance, vu mon compagnon de route. Je m'étais effectivement enfoncée à grande vitesse dans un sillon perceptuel, n'allant nulle part. Je me rendis aussi compte que j'avais entretenu d'importantes lacunes dans mon apprentissage, gracieuseté de mon méchant jumeau siamois - l'ego - s'assurant que je ne vois pas la lumière du jour sous peu. C'était comme si j'avais gravi une grande tour d'observation située aux abords de l'autoroute, et de ce nouveau point de mire, je réalisais que le trajet était beaucoup plus court que je ne l'avais cru ; c'était, en fait, un trajet inutile, car le Royaume du Ciel est ici, maintenant.

Au-delà de ce monde, il y a un monde que je veux. Je choisis de voir ce monde-là au lieu de celui-ci, car il n'y a rien ici que je veuille réellement. (L-pI.129.7: 3–4)

C'est avec ce point de vue que je me suis assise pour méditer un dimanche après-midi. Dieu était si près. Le Ciel était ici, maintenant ; il n'y avait rien d'autre. Nous sommes en plein centre du Royaume des Cieux. De gros nuages gris avaient commencé à se former sur l'horizon annonçant de violents orages. Sur le plancher de la salle à manger, où je médite, je voyais par la fenêtre les rayons du soleil traverser les arbres et un beau morceau de ciel bleu d'automne.

Dieu est ici, maintenant.

Habituellement, j'aurais fermé les yeux, apaisé mon esprit et je serais entrée aisément dans l'espace tranquille de mon esprit. Cette fois, j'ai gardé les yeux ouverts. Je voulais voir Dieu. Je voulais ressentir Sa présence. Je désirais faire l'expérience de la présence de Dieu. Les larmes revinrent doucement et avec elles, un profond sentiment de soulagement et une grande joie m'ont envahie. Les branches se balançaient comme des bras, en oraison vers le ciel et, à travers mes larmes, j'apercevais les rayons solaires qui étincelaient entre les feuilles tels des diamants couverts de rosée. Laissant couler les larmes, je savais, avec une certitude inébranlable, que Dieu était ici, maintenant.

Le miracle en tant que perception corrigée

Ne cherche que l'expérience et ne laisse pas la théologie te retarder. Le Cours nous fournit des instructions claires. Cependant, même mon expérience directe de la présence de Dieu ce dimanche après-midi n'avait pas suffi à me convaincre que le retour au Ciel se fait en se tournant vers l'intérieur et seulement vers l'intérieur. Cela avait possiblement paru une trop grande menace à cette partie de mon esprit qui s'accrochait encore à l'idée qu'il y avait beaucoup plus de plaisir à vivre dans un soi séparé. En cherchant toujours à l'extérieur de moi, je suis revenue vers le site de la Northwest Foundation afin d'y trouver davantage de matériel didactique. Ravie, j'ai trouvé des centaines d'heures d'ateliers et de rencontres enregistrés sur vingt-cinq années. Pourquoi devrais-je me contenter de changer ma perception momentanément alors que je pouvais continuer à lire et à étudier en vue d'une révision de perception encore plus grande ? Pourquoi me contenter de cet aperçu de vérité alors qu'il en existait une plus grande encore?

Cesse de parler de retourner au Ciel. Sache que tu y es déjà. Voilà le miracle. Pourquoi m'arrêter maintenant ! J'étais lancée ! Et je suis repartie à bord de mon véhicule avec l'ego, attendant de reprendre sa fonction de copilote de confiance, dans ce voyage de ma spiritualité. L'ego connaît toujours le moyen de nous ramener dans le monde et la poursuite d'un but spirituel est tout autant une distraction que la poursuite d'un but matériel. Toute poursuite extérieure est insensée ; dans l'entièreté parfaite, il n'y a aucune poursuite.

Compulsive chevronnée, je me suis replongée dans des centaines d'heures d'ateliers, durant tous mes temps libres, en cuisinant, en accomplissant des tâches et au cours de mes promenades quotidiennes. Alors, plongée dans cette nouvelle approche, ma compréhension de la métaphysique du Cours s'est transformée. J'ai bien vu que je m'étais construit un programme d'études, logique et même élégant, mais le plus important était le maintien de ma zone de confort. Du point de vue de l'ego, il y avait juste assez de lacunes dans ma compréhension pour m'empêcher de vivre une transformation véritable. La lacune la plus importante était l'immense gouffre érigé entre moi et le Royaume des Cieux. Cette prise de conscience s'est produite alors que je commençais une révision de la seconde partie du Livre d'exercices, et forte de nouveau constat, je fus sidérée de constater à quel point je n'avais pas réellement compris son message. La vérité s'y trouvait. Je ne l'avais tout simplement pas vue.

> Dieu est avec moi. Il est ma Source de vie, la vie en dedans, l'air que je respire, la nourriture qui me sustente, l'eau qui me régénère et me purifie. Il est ma demeure, où je vis et me meus ; le Pur-Esprit, qui dirige mes actions, m'offre Ses Pensées et garantit que je suis à l'abri de toute douleur. (L-pII.222.1:1–3)

C'est la première fois que j'ai vraiment compris ce que le Cours affirme en parlant du miracle comme d'un changement soudain de perception. Vu au-dessus du champ de bataille, comme un terrain où des enfants jouent à des jeux imaginaires, le monde a perdu une grande partie de sa signification. Sa seule valeur est de refléter ce

6. Combler le fossé

que nous tenons pour vrai. Le miracle corrige la perception erronée. La perception de forme, par les sens, est le blocage de l'esprit faux à l'accès à la lumière, véritable expression en tant qu'enfants de Dieu. S'il n'y a que le Ciel qui existe, alors c'est ici que se trouvent les enfants endormis, et le rêve doit être endormi dans leurs esprits. Où pourrait alors se trouver tout ce qui existe ? Et où se trouve le Soi qui observe le tout ? Et que dire du Soi qui observait ceci ? Ce doit être le Soi que Dieu a créé. Le Soi qui dort ne fait pas que disparaître ; il en émerge un autre, éveillé, pour remplir sa fonction en tant qu'expression de Dieu.

Quand j'ai compris tout cela, je n'ai plus eu envie d'animer de groupe d'étude sur le Cours. J'en étais arrivée à la conclusion que je ne savais rien du tout. En plus, je me sentais mal à l'aise avec les deux livres, pourtant écrits avec ardeur et sincérité : *Making Peace with God* et *Leaving the Desert*. J'avais été tellement naïve! Ma compréhension s'avérait incomplète, erronée même ; j'avais mal appris et faussé l'enseignement. Ensuite, il y avait ce livre que j'écrivais, avancé aux deux tiers. Il m'a alors paru sans fondement. Comment pouvais-je terminer un livre dans une telle illusion? La seule solution était de cesser d'écrire.

Au milieu de cette métamorphose perceptuelle, j'ai rencontré mon amie Lisa pour déjeuner. Bien que nous n'ayons pas convenu d'une consultation, je sentais tellement le besoin d'être guidée que je lui ai demandé de faire appel à mon maître préféré. Grâce à Lisa et à la justesse de ses interventions, j'avais réussi à faire confiance à la canalisation et plus particulièrement, à son don. Je ressentais tant de gratitude envers la vie de nous avoir permis de nous croiser que j'en suis venue à considérer l'intervention du Saint-Esprit là-dedans.

Une fois assise devant moi, à mon bureau, Lisa ferma les yeux et prit le temps de se connecter. Anticipant l'aide à venir, j'ai placé un crayon et un bloc de papier à proximité et j'ai calmé mon esprit du mieux possible. Après quelques minutes, elle a commencé. J'ai pris des notes, prenant soin de saisir les mots qui venaient dans son débit habituel, saccadé et rapide. Elle laissait surtout la parole à Jésus, mais de temps en temps, elle parlait pour lui comme s'il lui dictait les paroles à mon intention.

« Tu te trouves à nouveau dans une passe ; une sombre nuit du plexus solaire. L'âme ne peut résister à faire le débroussaillage et le nettoyage ; tu dois passer par là afin de pouvoir partager avec le monde. Il n'y a rien à craindre, malgré ta peur. Les émotions nous révèlent là où nous sommes ; tu n'as pas à les craindre. »

Lisa prit alors une pause et pencha la tête comme pour mieux entendre. « Il te montre couchée et dans ce tableau Jésus te place les mains au niveau du plexus solaire. Ressens-le dans l'émotion, mais pas dans la douleur. Tu dois être en mesure de ressentir les émotions pour travailler avec les autres. Médite avec lui. Avance tout simplement dans ce passage pour toi. »

« Cesse de suivre et d'écouter d'autres maîtres ; n'écoute que moi. »

Le message était ferme et clair. « Je ne veux pas que tu continues dans cette direction. Tu dois obtenir la puissance de ton propre centre auprès de moi. Tes outils précédents t'ont permis de te connecter ; à présent, les enseignants sont des distractions et te maintiennent dans ton intellect. »

« C'est dans le plexus solaire qu'il y a un espace, une séparation. Il est difficile pour un être humain de comprendre l'amour à partir du plexus solaire. Donne-toi la chance de guérir, avec moi, et tu ressentiras davantage d'amour, plus de joie et plus de partage. Chemine à travers les émotions. Que tu sois près ou loin de l'esprit, tu me ressentiras partout, mais au niveau du plexus. Tu dois te permettre de ressentir. Souviens-toi ce que c'est d'avoir été touchée par Dieu. Sois touchée tous les jours, sans souffrance. »

« La séparation est une illusion. »

« L'entièreté ne s'exprime pas en paroles. »

J'étais encore sous le charme du matériel signé Raj et je fus donc déçu de devoir abandonner mes études. J'avais tellement aimé les ateliers et je voulais en apprendre davantage.

6. Combler le fossé

Dois-je cesser d'écouter Raj ? demandai-je lors de la pause suivante.

« Non ». La réponse m'est venue immédiatement, me soulageant du coup.

« Tu n'as pas besoin qu'on te dise quoi faire. Écoute pour comprendre les autres qui font comme toi. »

« À présent, c'est avec moi que tu dois être en relation ; nos échanges auront des débuts et des fins ainsi que des conversations. »

Pendant une autre pause, j'ai voulu savoir pourquoi je n'écrivais plus. J'étais préoccupée et je désirais être guidée pour savoir si je devais continuer à écrire et si j'allais poursuivre dans cette voie.

« Tu dois maintenant ressentir les choses. Tu avances en terrain inconnu. Si tu ne ressens pas, tu ne peux rien te permettre et tu ne pourras rien écrire. Tu as besoin de ressentir—ensuite, tu partageras ta connaissance à ta manière, selon tes mots. »

« Tu continueras. »

Dans mon expérience les messages transmis par médium n'étaient jamais immédiatement clairs. Parfois, j'en comprenais le sens plusieurs mois plus tard. Cette fois-là ne fut pas différente des précédentes et je pris la décision de laisser tout cela, se déposer dans mon esprit. Les parties du message qui traitaient du plexus solaire et des ressentis me déconcertaient. Selon moi, je croyais avoir vécu beaucoup d'émotivité au cours des derniers mois, et je n'avais pas trop l'intention d'en ajouter davantage. Je n'étais pas non plus certaine de la signification du plexus solaire ; cela ne semblait pas correspondre à ma situation actuelle!

Ce qui m'apparaissait clair comme de l'eau de roche par contre était le fait que j'avais cheminé en compagnie de l'ego. Même si j'acceptais de prendre Jésus pour maître, je n'avais pas entièrement accepté cette relation. Nous n'avions pas encore eu d'échange véritable, mon excuse étant que, au contraire de Lise, je n'étais pas médium. Je pris donc l'engagement de renforcer cette relation.

Déjouer le maître arnaqueur

Malgré le fait qu'on m'ait suggéré de cesser de suivre d'autres maîtres, Jésus m'avait donné le feu vert pour continuer d'écouter les leçons de Raj. Je me remis donc à mon programme d'études. J'ai alors constaté à quel point les habitudes sont difficiles à abandonner. Ainsi, j'ai oublié de laisser mon compagnon de voyage derrière. Bien des lacunes étaient en train de se combler pendant mon blitz de Raj, mais je me sentais plus confuse.

L'approche de Raj différait de celle de Ken Wapnick et plus j'essayais de les relier plus je m'embourbais. J'ai fouillé l'Internet à la recherche d'encore plus d'informations jusqu'à m'embourber totalement ; il y avait tellement d'enseignements différents dans le monde, aucun ne se reliait à un autre de manière satisfaisante. Alors je suis retournée vers le grand livre bleu, mais il en existait à présent plusieurs versions. Encore de la confusion.

Pour me simplifier la vie, j'ai décidé de m'en tenir à la version étudiée dès le début, n'ayant d'ailleurs aucun intérêt académique ni intellectuel à comparer ou valider une version plus qu'une autre. Dans la seconde partie du Livre d'exercices pour étudiants, il nous est dit d'oublier les mots et de viser l'expérience directe de la vérité. Comme ma récente expérience m'avait révélé qu'il n'y a aucune distance véritable entre le monde et le Ciel, j'ai relu ces leçons avec intérêt. Nous sommes au centre du Royaume des Cieux. Dieu n'est pas un concept intellectuel élevé. Dieu est réel, Il se trouve ici, maintenant. C'était un concept à explorer davantage.

> Il n'est pas de temps, pas de lieu, pas d'état où Dieu est absent...
> Je faisais erreur quand je pensais vivre à part de Dieu, une entité séparée qui se mouvait dans l'isolement, détachée et logée dans un corps. (T-29.I.1:1 ; L-pII.223.1:1)

Je venais de passer des années à étudier et à me familiariser avec le système de pensée de la séparation, alors qu'en vérité, il n'y a que Dieu. Je revins sur les leçons au début du Livre d'exercices précisant clairement que le problème ne réside pas dans le monde ; il réside

6. Combler le fossé

dans notre perception sensorielle faussée et dans notre croyance voulant que nos perceptions constituent la vérité. Le but des exercices est d'assainir nos esprits pour connaître l'expérience de la vérité. J'ai rapidement survolé plusieurs chapitres du texte pour constater encore une fois qu'à travers la théorie, se trouve l'appel à chercher la présence de Dieu. Ce qui m'était apparu élevé et impossible à atteindre s'avérait être tout près, plus compréhensible. À l'inverse, ce qui m'était toujours apparu logique, tangible et crédible cessait d'être vrai. Le Ciel est réel ; le monde ne l'est pas. *Maintenant tu dois ressentir*, m'avait dit Lisa. Qui était le « moi »? À qui l'expérience avait-elle été donnée de ressentir la présence de Dieu, en regardant par une fenêtre un dimanche après-midi ? Il y avait l'illusion d'un monde et la réalité de Dieu et de son Royaume, et il y avait « moi » au milieu de tout cela. Tout ce que j'avais étudié et appris s'effondra comme un château de cartes. J'avais été kidnappée et abandonnée sans véhicule pour continuer la route. D'ailleurs, où aurais-je pu aller ? Jusque-là, j'avais assumé la tâche de navigatrice de mon voyage et je me rendais compte que je ne pouvais pas aller plus loin sans demander de l'aide. C'était la fin de la route. C'est tout ; j'abandonne ! Je suis trop dépassée, Jésus. J'ai vraiment besoin d'aide.

J'ai passé plusieurs jours dans ce vide existentiel jusqu'au matin de l'Action de grâces. Je me suis réveillée avec une compréhension très claire de ce que je venais de traverser et, surtout, de mon cheminement avec le merveilleux enseignement spirituel appelé *Un cours en miracles*. Malgré que le Cours semble intimidant, voire trop sophistiqué pour le lecteur moyen, et je m'y inclus, le Cours a la capacité d'interpeller quiconque cherche la vérité. Cependant, son style rejoint particulièrement les personnes logiques, intellectuelles et analytiques comme moi. Pendant que nous sommes joyeusement engagés à étudier, apprendre et accueillir ce système de pensée brillant et logique, le mental est délibérément maintenu occupé afin qu'il ne se rende pas compte du processus subtil et puissant de déconstruction de ses fondements mêmes. Enchanté par le langage éloquent et une logique presque hypnotique, cohérente et inébranlable, ne doutant de rien, l'esprit indépendant et apparemment séparé, est tranquillement mené vers sa propre dissolution, couche par couche, une fausse croyance après l'autre. Lorsque nous continuons ces études, l'esprit faux est inévitablement déconstruit. Pour ceux qui ont demandé une autre façon de voir, le résultat est assuré, car Dieu ne nous priverait jamais d'un droit de naissance - l'entièreté de l'esprit.

Ce qui est brillant dans la logique du Cours, c'est que l'arrogance de l'ego sert à le défaire. En réalité, l'esprit endormi n'a aucune idée de ce qu'il subit. S'il fallait que les étudiants, en continuant à s'identifier à leur soi séparé et individualisé, prennent connaissance des processus sous-jacents, il est sûr qu'ils trouveraient mille façons de les contourner. Si cela était possible, l'éveil par le Cours serait alors impossible. L'esprit se retrouverait pris dans une cage remplie de vieilleries et de fausses croyances sur nous-mêmes : des bataillons de mensonges sur nos insuffisances ; nos échecs dans nos tentatives de combler les besoins des autres ; des attentes délirantes, des déceptions, des défaillances, des erreurs à n'en plus finir ; une autonomie et une indépendance téméraire, et plus téméraire encore, le désir de continuer à cheminer sur le pilote automatique. Bref, une vie de mensonges que l'ego nous octroie avec une générosité délirante.

Inconscient de ce qui se passe réellement, l'esprit séparé est tranquillement déconstruit. Chapitre après chapitre, leçon après leçon, la cage pleine est secouée jusqu'à ce que le bric-à-brac, les mensonges et les fausses croyances, se délogent et tombent. Inévitablement, les étudiants diligents rencontrent des écueils importants ; ils n'arrivent plus à faire confiance à la partie de leur esprit qui les a guidés jusqu'ici, guidés vers l'extérieur et loin de la vérité. La cage aux folles de la séparation qui a gardé l'esprit loin de la vérité finit par se briser. Il ne reste plus qu'une direction à prendre : celle vers l'enseignement intérieur du Saint-Esprit.

À mon réveil le lendemain matin, j'ai entendu bien clairement les paroles suivantes : *félicitations! Tu as réussi !*
Et bien.

6. Combler le fossé

J'ai tout de suite réalisé que, même si le processus m'avait paru désordonné, il avait néanmoins été drôlement efficace pour déconstruire mes schèmes de pensées erronées. J'étais ravie de cette nouvelle perspective. Je m'étais laissée guider et j'avais maintenu le cap dans les efforts. Jésus avait déjoué le maître arnaqueur—l'ego. Le Cours n'est pas conçu pour conduire ses élèves à émettre de belles déclarations logiques sur la vérité et l'illusion. Il est conçu pour défaire l'esprit faux afin de donner libre accès à l'expérience de la vérité. Quand il n'y a plus de pensée, il ne reste qu'à être, tel que Dieu nous a créés. J'étais si soulagée de ne pas avoir perdu mon temps! Je me trouvais à l'orée d'un rêve complètement différent dans lequel j'établissais une relation avec le Père sur de nouvelles bases ; consciente que cela aurait été impossible sans ma libération des serres de l'ego.

Pas à pas avec Dieu

Cela faisait déjà quelques semaines que j'avais ressenti la présence de Dieu par ma fenêtre un dimanche et je me suis demandé s'il s'agissait d'un accident ou si cela pouvait se reproduire. Mes méditations étaient devenues extrêmement paisibles, voire béates ; mais, je savais également qu'éventuellement, mon expérience de paix et de proximité avec Dieu devrait s'étendre à tous les moments de la journée et être partagée lors de chaque rencontre avec mes frères et sœurs.

Tout en me préparant pour ma promenade quotidienne, j'ai tendu la main pour prendre mon lecteur MP3. Cependant, j'ai ressenti une nette impulsion pour le laisser sur le bureau. J'ai d'abord hésité, incertaine que ce soit une bonne idée. J'écoutais des conférences sur le Cours lors de mes marches, depuis des années. Ma promenade allait être bien silencieuse. Mais le message était clair.

Marche en silence aujourd'hui.
Marche avec Dieu aujourd'hui.

C'est ce que j'ai fait et en traversant une artère, laissant derrière moi mon quartier plutôt résidentiel pour me diriger vers un boulevard principal, je contemplais ce concept : Dieu est ici. Maintenant. Comment se sent-on lorsqu'on est en profonde communion avec cette vérité? J'étais remplie d'un grand sentiment de paix en m'interrogeant sur la sensation de la présence de Dieu ici, maintenant. Autour de moi, la circulation automobile continuait avec son flot de voitures en direction nord et en direction sud du boulevard, mes frères et sœurs allaient et venaient, vaquant à des occupations d'importance, et j'ai ressenti le mouvement même de Sa Création partout, comme un amour enveloppant le tout, avec un sentiment de sécurité, de beauté sans frontière, le tout qui nous traversait, nous entourait, nous habitait tous. Alors que je me trouvais à une intersection attendant le signal pour traverser, il n'y avait aucun doute dans mon esprit, Dieu était ici, maintenant. Les larmes pouvaient couler, je portais de grandes lunettes solaires. Dieu est ici, maintenant.

> Au lieu de mots, nous avons seulement besoin de sentir Son Amour. Au lieu de prières, nous avons seulement besoin d'invoquer Son Nom.... « Qui marche avec moi? » Cette question devrait être posée mille fois par jour, jusqu'à ce que la certitude ait mis fin au doute et établi la paix. Aujourd'hui, que cesse le doute. Dieu parle pour toi en répondant à ta question par ces paroles :
>
> *Je marche avec Dieu en parfaite sainteté. J'éclaire le monde, j'éclaire mon esprit et tous les esprits que Dieu a créés un avec moi.* (L-pII.in.10:3-4 ; L-pI.156.8)

7. LES LEÇONS DU CORPS

> Il n'en reste pas moins vrai que le corps n'a pas de fonction de lui-même, parce qu'il n'est pas une fin. Toutefois, l'ego l'établit comme une fin parce que, comme telle, sa vraie fonction est obscurcie. C'est le but de tout ce que fait l'ego. Il vise uniquement à perdre de vue la fonction de toute chose. Un corps malade n'a aucun sens. Il ne pourrait pas avoir de sens parce que la maladie n'est pas ce à quoi sert le corps. La maladie n'a de signification que si les deux prémisses fondamentales sur lesquelles repose l'interprétation que l'ego donne du corps sont vraies ; à savoir que le corps sert à l'attaque, et que tu es un corps. Sans ces prémisses, la maladie est inconcevable. (T-8.VIII.5)

À cette époque, en plus des douleurs chroniques dans mes épaules, mes bras et mon dos, je m'étais retrouvée avec une gencive infectée. Malgré un certain découragement, je n'étais pas complètement surprise de ces conditions de santé affligeantes. Toute ma vie, j'avais privilégié les poursuites de nature intellectuelle et négligé l'aspect physique de ma santé ; même que parfois j'éprouvais un ressentiment d'être née dans une forme physique. Ainsi, je pressentais que mon corps jouerait un rôle très important dans mon apprentissage. Ressentir l'hostilité envers le corps est une forme d'attaque ; je devais régler cette question avant de faire l'expérience de mon Soi en tant qu'esprit.

Une amie terminait tout juste la formation de Tui Na, un art de massage traditionnel chinois, et je fus ravie de lui prêter mon corps endolori afin de compléter les heures de pratique dont elle avait besoin. Au cours d'une de ces séances absolument merveilleuses, je reçus un avant-goût de l'aide qui me serait offerte durant mon parcours. Allongée sur la table de massage, mon visage calé dans le « trou de beigne », je me suis complètement détendue alors que, tout doucement, Johanne me faisait des manipulations et appliquait des pressions sur mes méridiens. De douces vagues de chaleur et un profond relâchement traversèrent mon corps. Mes pensées ne s'attardaient sur rien en particulier, mais je savourais toujours ce sentiment de proximité avec Dieu. Elle a touché mes épaules et j'ai clairement entendu les paroles suivantes : jamais plus tu ne seras seule. Et voilà les larmes qui se remirent à couler dans le « trou de beigne ». J'ai alors su que Jésus serait toujours avec moi et j'en fus profondément soulagée, sachant que je n'avais pas à cheminer seule.

Bien que le massage Tui Na m'ait grandement soulagée, les douleurs ont ressurgi au bout de quelques jours. Mon aversion envers la médecine traditionnelle est profonde, et je désirais trouver une solution naturelle, vite. Pendant mes méditations, j'ai demandé l'aide de Jésus pour comprendre la situation et ce qui était en mon pouvoir pour la résoudre. Après avoir accepté l'invitation de Jésus d'entrer en conversation ouverte avec lui, j'avais eu l'idée d'acheter un petit magnétophone digital. Le prix du modèle que je cherchais était réduit de moitié le jour où je l'ai l'acheté. Je le gardais près de moi en méditant et je le laissais sur la table de chevet pour capter les messages matinaux.

J'ai enregistré les messages suivants en méditant ainsi qu'au réveil, sur une période de quelques jours. Je fus surprise par l'ampleur des informations qui venaient à mon esprit et je me suis félicitée d'avoir acheté le magnétophone. Sauf quelques modifications mineures pour faciliter la lecture, ce qui suit est quasi la transcription exacte de ce que j'ai reçu :

« En te percevant comme un corps physique, dense, tu t'accroches à l'illusion que la séparation est possible. L'expérience que tu en fais est donc dénaturée et aboutit nécessairement à des sensations d'inconfort. Pour que ton corps soit guéri, la lutte que tu mènes depuis presque toute ta vie, cette perception fausse de toi-même, doit être guérie.

7. Les leçons du corps

« La perception du corps, ainsi que de toute forme d'ailleurs, est une tentative de capter le courant de la création et de faire comme si nous en étions la source. Il s'agit en effet d'une tentative de densifier et d'emprisonner l'esprit. Comme rien ne peut exister en dehors de Dieu, la matière ne peut pas représenter la vie véritable. Le corps tente de maintenir la vie dans un espace hors de l'infini, dans ce qui nous apparaît comme le temps. Ce n'est pas le corps comme tel qui nécessite une guérison, mais c'est le désir de faire l'expérience de la vie séparée du Père qui doit être abandonné. Voilà ce qui n'est pas naturel. Voilà ce qui causera obligatoirement douleur et inconfort, peu importe à quel niveau ils sont ressentis.

« Dans ton cas, comme tu possèdes la facilité de comprendre intellectuellement, la résistance doit s'exprimer quelque part. Ainsi elle se retrouve dans la partie de toi que tu estimes le moins spirituellement, mais que tu estimes néanmoins: le corps. C'est ta peur de perdre ton individualité qui t'amène à te percevoir dans cette forme densifiée. En commençant à faire l'expérience de la totalité de ton être en tant qu'esprit, en tant que lumière, la forme dense ne te dérangera et ne te distraira plus. En fait, tu ne ressentiras même plus sa densité. Elle sera légère, comme l'esprit. Elle sera incapable de maladies ou d'inconfort.

« Tu continues à t'accrocher à ta perception de toi en tant que corps physique parce que tu crois que tu as toujours besoin du corps comme objet sur lequel projeter ta culpabilité. Ta croyance que la culpabilité existe t'oblige à maintenir cette perception de toi-même. À ce stade, tu crois encore ne pas être digne de te retrouver dans l'état d'illumination total auquel tu as droit. Tu crois toujours ne pas être digne du Royaume des Cieux. Tu as compris, en même temps, du moins intellectuellement, que tu dois déjà te trouver au centre du Royaume, car rien d'autre n'existe.

« Te voilà coincée entre deux systèmes de croyances. L'un qui est vrai, l'autre qui est faux. La seule façon de t'en sortir est d'avancer. Cette pensée qui te maintient coupable et indigne du Royaume n'est qu'une habitude. Tu dois avancer maintenant avec une nouvelle habitude. Les miracles sont des habitudes. Le changement de perception est une habitude. Choisis le changement de perceptions. Encore et encore. Mille fois si nécessaire. Pratique le miracle. Exerce-toi à choisir le miracle. Exerce-toi à voir la vérité de ton Soi. Dis « non » au mensonge. Ignore-le tout simplement. Exerce-toi à choisir le miracle.

« Tu as assez étudié et tu as acquis suffisamment de connaissances pour savoir ce qui se passe et reconnaître que le monde est illusoire. Cela devrait suffisamment te motiver à choisir le miracle. L'apprentissage est terminé. En choisissant le miracle, tu te mets dans l'état d'esprit propice et tu te prédisposes à l'expérience de l'éveil. Tu as encore peine à croire à cette possibilité de t'éveiller. Tu crois toujours ne pas en être digne.

« Exerce-toi à choisir le miracle afin de croire que tu en es digne, tel que Dieu t'a créée, comme Dieu sait que tu es ici, en ce moment, au milieu du Royaume des Cieux. Voilà la pratique. Savoir regarder était la première étape et regarder t'a été nécessaire afin de voir la différence entre les résultats obtenus en choisissant sur la base de l'ego et avec l'esprit juste, le Saint-Esprit. Maintenant, tu possèdes une base de comparaison. Maintenant tu connais, par expérience, la différence entre le ressenti dans le choix par l'ego versus le Saint-Esprit. Voilà deux expériences complètement distinctes. Un choix posé avec l'ego mène à une expérience de culpabilité, d'insatisfaction, d'incertitude, de doute et de conflit ; un choix posé avec le Saint-Esprit mène à une expérience de paix, à des moments de plénitude et de joie indescriptibles, comme lorsque tu as traversé le boulevard et que tu as su que Dieu se trouvait partout, ici et maintenant.

« Lorsque tu choisis avec l'esprit faux, tu sais que quelque chose ne va pas ; tu te sens perdue, isolée, seule, tu te sens coupable de n'avoir pas réussi à rentrer dans ta demeure. Tu te sens incomplète et tu as froid. Tu ressens de la douleur dans le corps. Lorsque tu choisis avec l'esprit juste, lorsque tu choisis de voir à partir de cet endroit de ton esprit qui est entier, tu ressens la paix, la chaleur, la sécurité. Voici encore un temps pour la foi. Voici encore venu le moment d'abandonner l'isolement.

7. Les leçons du corps

Ce n'est pas un voyage que tu peux faire seule. Prends ma main. Viens. Nous cheminons ensemble maintenant.

« Lorsque nous nous rapprocherons de la fin du voyage, l'ego utilisera tous les moyens à sa disposition pour attirer ton attention. Il utilisera ton cheminement, il utilisera ton écriture, il utilisera tout ce que tu crois être important pour t'apeurer, pour ajouter de la culpabilité, pour insérer le doute. Ne donne rien à l'ego qu'il pourra utiliser. Laisse de côté la réflexion, l'étude et l'apprentissage. Lâche prise de tout cela à présent et permets au processus nécessaire à ta guérison de se dérouler. Aucun besoin d'analyser ; aucun besoin de raisonner ; la logique est désormais superflue. C'est terminé. Il n'y a qu'à laisser Dieu *être* à travers toi. Le voyage insensé est terminé.

« Tu n'as plus besoin de planifier, de justifier quoi que ce soit, ni de chercher à comprendre ce qu'il faut faire. Ce qui devra être fait le sera en temps et lieu. Tu n'as pas à demander ce que tu dois faire chaque minute de chaque journée. Fais ce qui se présente en agissant normalement. Ce que tu ne dois pas faire ou ce que tu dois laisser tomber, ce sont justement l'inquiétude, les chichis, l'analyse et les tentatives de comprendre un monde décidément insensé. La vie peut devenir beaucoup plus simple et plus satisfaisante en abandonnant l'idée que tu en es le maître. Abandonne cette notion maintenant.

« Voilà ce que signifient les mots : je n'ai pas besoin de faire quoi que ce soit. Cela ne veut pas dire : je n'ai pas besoin de faire quoi que ce soit dans le monde ; cela veut dire : je n'ai pas besoin de faire quoi que ce soit pour que la perfection soit. Cela veut dire : je n'ai pas besoin de faire quoi que ce soit par ma volonté propre, indépendante et séparée. Ce que tu dois faire c'est planifier moins, réfléchir moins, contrôler moins, analyser moins et organiser moins, tout ce qui ne fait que bloquer le courant naturel de l'expression de Dieu. Fais confiance au fait que tu es le meilleur réceptacle possible pour permettre l'expression de la Lumière, de la Sagesse et de l'Amour de Dieu. Lâche prise. Et encore. Lâche prise de tout ce que tu crois être ta vie. Remets-la entre les mains du Père. La maladie, la douleur et l'inconfort viennent en s'agrippant à ce qui n'est pas naturel.

Abandonne ce qui n'est pas naturel ; et permets à l'expression naturelle de Dieu d'être. »

Sans doute parce que ma compréhension de la guérison s'accélérait, je me suis réveillée pendant la nuit avec une migraine pour laquelle je pris des comprimés antidouleur. La moitié de mon visage et de mon cou subissaient l'assaut de la douleur à cause de l'infection dans ma gencive. Là, couchée en pleine nuit, j'ai réfléchi à ce corps auquel je semblais livrer un perpétuel combat. Si j'avais eu un conjoint, ou si mes enfants avaient été encore sous mon toit, le combat aurait probablement été dirigé vers eux. Comme j'étais seule et le conflit ayant besoin d'être projeté sur quelque chose ou quelqu'un en dehors de mon esprit, le corps semblait la cible privilégiée.

Je suis devenue consciente que même à l'état de repos, tranquille dans le confort et la chaleur de mon propre lit, mon corps demeurait tendu. Mes mains se resserraient en poings bien fermés. J'en fus très surprise, car je me croyais une personne relativement relaxée et paisible. Même mes épaules étaient relevées pendant que je me reposais couchée sur le côté, comme si le faux moi utilisait chaque once de sa volonté pour me comprimer en une forme dense et peu naturelle. Comprimée, compactée et réduite. Cela prenait considérablement d'efforts pour maintenir la volonté nécessaire afin que l'esprit soit ce qu'il n'est pas : un corps physique. Je choisissais continuellement ce processus de densification dans mon esprit. Au matin, d'autres instructions m'attendaient ; j'ai tâtonné sur la table de nuit pour y retrouver mes lunettes, j'ai attrapé le magnétophone et j'ai poussé sur la touche « enregistrer ».

« Lorsque tu médites, imagine-toi relâcher chaque fibre de tension de ton être. Permets à une plus grande partie de toi d'être esprit, tel que Dieu t'a créée. Souviens-toi de faire ceci plusieurs fois par jour. Il est impossible de garder l'esprit captif dans une forme dense. Redirige ton attention de cette forme dense et imaginaire vers la lumière, ta forme réelle. »

J'avais pris l'habitude de méditer en posture shavasana, avec les mollets surélevés sur un tabouret pour soulager mes douleurs

7. Les leçons du corps

dorsales. Cela me soulageait et je le faisais quelques fois par jour. Vers la fin d'une séance de méditation, il m'est venu à l'idée de préparer des remèdes de Bach pour ma gencive. J'avais déjà réussi à me guérir de cette façon. Mais j'hésitais, jugeant que cette mesure était un acte désespéré, car le Cours plaçait ce genre d'interventions dans le domaine de la pensée magique. Je désirais une véritable guérison, donc une guérison de l'esprit. Encore une fois, j'ai demandé l'aide de mon enseignant.

« Ne joue pas les héroïnes ! Même si les médicaments sont une forme de magie, tu ne devrais pas rejeter les remèdes de Bach ni aucune forme de médicament pouvant t'aider. Utilise les Remèdes de Fleurs de Bach, car tu les as étudiées et tu sais qu'ils fonctionnent. Ils fonctionnent pour toi, car leur composition est plus près de celle de la source du problème que ne le sont les remèdes plus denses comme les produits pharmaceutiques, ou les vitamines et les suppléments alimentaires. Les Remèdes de Bach opèrent au niveau des pensées et des émotions. Ils ne traitent pas la maladie. De cette façon, ils sont souvent d'autant plus efficaces.

« Lorsque ton esprit retournera dans son état d'entièreté, il te sera possible de guérir comme tu l'as fait pour tes filles. Toute personne dont l'esprit est guéri peut guérir, si cela correspond au besoin. Pendant que tu tenais ta fille contre ta poitrine, il n'y avait que l'amour. La peur, l'inquiétude, le doute, et l'incertitude étaient absents, car là où est l'amour, rien d'autre ne peut s'introduire. C'est la raison de sa guérison instantanée. Cela te sera possible quand ton propre esprit aura été réaligné.

« Négliger ou maltraiter le corps de quelque manière que ce soit, par une mauvaise alimentation, ou une consommation excessive de produits nocifs, représente une attaque envers ce que tu fabriques, soit une version densifiée de ton soi-esprit. Il s'agit de comportements haineux envers soi. Pardonne-toi d'avoir cru qu'en réduisant ton soi à un corps densifié, tu pouvais te préserver du courroux du dieu vengeur appartenant à ton monde imaginaire. C'est sans importance, un moment passager, insensé. Comme ta sagesse augmente, elle te permet de détecter les pensées et les impulsions provenant de l'insanité, et voilà que tu peux tranquillement dire « non », et remplacer par des pensées saines.

« Ne regarde pas ton corps de haut, ne le soumets à aucun traitement qui l'abaisse de quelque manière que ce soit ; n'ignore pas et ne maltraite pas le corps. Accueille plutôt le corps pour son véritable rôle, en t'aidant à faire l'expérience de la vérité. Regarde-le, et souris. Comment une illusion, une fausse représentation pourraient-elles cacher la vérité de l'esprit sans que tu lui permettes de le faire ? Ne déteste pas le corps. Il ne pose des limites que si tu acceptes que ce soit là tout ce que tu es. Regarde ton corps sans haine, sans peur, sans frustration ni ressentiment. C'est bien vrai que le corps n'est pas réel et qu'il s'agit d'une fausse perception de ce que tu es vraiment. Par contre, ce n'est pas encore ce que tu crois parce que tu te fies encore aux informations qui proviennent de tes sens. Respecte-toi là où tu es, par rapport aux croyances que tu détiens sur ton corps et ton être.

« Par ton désir de te connaître en tant qu'esprit, tu essaies de te débarrasser du corps à travers les sens. Tu cherches à avoir une expérience de conscience qui se trouve au-delà du corps en utilisant ses moyens. L'expérience provient de l'esprit et non pas des pensées, ni des souhaits ni du désir. L'expérience provient en réalité du pur esprit. Sois curieuse de te connaître comme pur esprit. Demande de te connaître comme pur esprit. Où est l'esprit ? Où est la lumière ? Où est la vérité? Le corps n'est rien par lui-même. N'en aie pas peur. N'aie pas peur de ses limites apparentes. Seul, il n'est qu'un mécanisme insensé. Souris-lui. Il a été fabriqué par un esprit insensé. Souris-lui, mais ne l'abaisse pas. Ne l'abaisse pas parce que tu crois temporairement qu'il possède une valeur intrinsèque. En abaissant ton corps, tu abaisses ton aptitude à choisir. Tu t'attaques et tu abuses ton esprit. Le corps n'est rien de plus qu'une fausse perception de toi. Tu t'y accroches tellement fort que ton véritable soi reste exclu ; tu ne reconnais plus ton véritable soi comme pur esprit.

7. Les leçons du corps

« Aimes-toi, car tu es l'Enfant de Dieu, digne de Son Amour et donc du tien. Nier cet amour, c'est nier ce que Dieu est : Amour. Aime ton corps afin qu'il te serve bien au cours de ton retour à la demeure. Lorsque ton esprit est uni à celui de Dieu, il ne peut y avoir qu'amour et une intention d'amour. Sois certaine que tu ne suis pas le plan de l'ego ; tu n'es pas à la merci de l'ego. Le choix de guérir t'est toujours accessible, maintenant. »

Ne joue pas les héroïnes.

Bien reçu! Des pensées vraies et pratiques. Je fus soulagée encore une fois. J'ai mélangé des Remèdes de Fleurs de Bach pour mes maux, choisissant les remèdes appropriés pour mon état d'esprit, et incluant du pommier sauvage pour l'infection de ma gencive. Quelques jours suffirent à estomper les douleurs musculaires ainsi que l'infection. Mon esprit poursuivait un but gagné d'avance et mon corps allait juste devoir le suivre.

J'avais encore des préoccupations concernant le corps et je les ai transmises à mon enseignant préféré.

« Me concevoir comme pensée pure ou esprit me parait froid. Comme s'il ne reste plus quoi que ce soit. »

« Et tu penses que le corps est chaud ? »

J'ai éclaté de rire. Mon professeur avait décidément beaucoup d'humour et j'en étais reconnaissante parce que j'ai tendance à tout prendre trop au sérieux.

Je voulais aussi comprendre, si nous sommes capables uniquement de fabrications imaginaires, sans pouvoir réel sur quoi que ce soit quand nous résidons dans l'état séparé, comment cela allait être utile d'utiliser mon imagination pour relâcher les tensions dans mon corps.

« Tu t'es imaginée comme un corps, comme une fausse expression de toi-même et donc, tu es capable de t'imaginer comme pur esprit, l'expression vraie. Travail avec ce que tu as. »

Ça va, j'ai compris. Je peux travailler avec ces données. Toujours pratique, mon prof. Merci.

8. NOUVEAU CAP POUR UN VOYAGE ANCIEN

> L'apprentissage est sans utilité en Présence de ton Créateur, Dont la re-connaissance par toi et la tienne par Lui transcendent de si loin tout apprentissage que tout ce que tu as appris est in-signifiant et à jamais remplacé par la connaissance de l'amour et sa seule signification. (T-18.IX.12:6)

Ma perception altérée de tout ce qui est Ciel et terre m'obligea à un dépoussiérage et à reprendre mes repères. Je devais encore une fois m'adapter à une nouvelle normalité. Passé et avenir se fondaient de plus en plus dans le présent, particules distinctes du Tout. Mes questions recevaient des réponses claires et immédiates. Chaque questionnement recevait un traitement tout aussi limpide. Lorsque je me suis demandé pourquoi je n'avais pas reçu cette aide plus tôt dans ma vie, et pourquoi j'avais été laissée seule à la recherche de la vérité qui était là, tout au long, on me montra une longue série d'événements dont chacun portait l'empreinte de l'aide divine.

Quant aux questions souvent posées quand j'étais jeune, elles s'éclairaient toutes. Pourquoi étais-je née une fille ? Pourquoi pas un garçon au Tibet ou en Inde où je sentais que j'aurais été plus à l'aise ? Ou, des questionnements sur mon choix de carrière : pourquoi ne pas avoir suivi mon père dans une carrière d'ingénieure, ce qui aurait assuré la sécurité matérielle et sans doute une vie beaucoup plus simple ? Peu importe le sujet, les réponses arrivaient. De ma nouvelle perspective, j'ai compris que ma vie avait été parfaite et qu'elle avait servi son but. Peu importe si mes choix et les circonstances de ma vie me semblaient incongrus et illogiques, j'y voyais maintenant un parcours unifié dont la fonction ultime était de servir mes frères et sœurs.

8. Nouveau cap pour un voyage ancien

Si j'étais née ailleurs, ma tendance de moine m'aurait probablement porté vers une grotte au Tibet, et ma vie aurait eu une incidence différente, tout comme si j'étais devenue ingénieure ou si j'avais suivi une autre voie différente. Parallèlement, il était clair que ma tendance à vivre de manière contemplative ne suffit plus et si je m'isolais, je n'allais pas servir le bien commun. Je pouvais être en présence de Dieu, en tout temps, en tout lieu. Le véritable monastère est dans mon esprit.

Peu après avoir commencé à étudier *Un cours en miracles*, j'ai remis en question mon travail en astrologie et en numérologie. Ces systèmes de savoir opèrent dans la logique temporelle et relevaient donc du domaine de l'ego. Tout comme j'avais récemment appris à respecter le corps pour son rôle en tant que terrain d'apprentissage, j'ai compris que je pouvais continuer à respecter ces savoirs anciens comme des outils et les remettre au Saint-Esprit. Ce que nous faisons pour vivre dans le monde n'a aucune importance ; la question demeure toujours : avec qui le faisons-nous ?

J'ai réalisé que mon travail était utile, même si j'utilisais des outils qui faisaient partie du rêve. Je travaillais avec mes frères et sœurs qui dormaient et, oui, je les aidais à faire des rêves plus confortables, mais j'étais à l'aise dans ce rôle. Tout ce qui peut aider une personne à mieux vivre et à devenir plus conscient de soi ne doit jamais être abaissé. Rêver ne signifie pas souffrir. En fait, vivre un rêve heureux rendrait le voyage de retour beaucoup plus confortable. J'en concluais que je ne devais pas changer de carrière, et au réveil un beau matin, j'entendis une réponse très claire sur la question.

« Tu ne vas pas travailler chez un fleuriste. »

Bien que je n'aie jamais sérieusement considéré ce choix de carrière, d'autant plus que je n'y avais pas songé depuis un bon moment, j'ai trouvé ce message amusant. Pendant ma promenade ce jour-là, je fus encore plus amusée et même étonnée en apercevant l'enseigne annonçant la fermeture du fleuriste.

Oh là !

Les remèdes de Bach que je prenais pour régler les douleurs dans mon corps et l'infection dans ma gencive prirent effet en seulement quelques jours. Peu après, j'ai pensé consulter un ostéopathe. Ceux que je connaissais avaient des listes d'attente sur des mois. J'ai donc fait appel à deux nouveaux professionnels. En moins d'une semaine, j'avais obtenu un rendez-vous avec l'un d'eux qui affirmait pratiquer une spécialité, la « posturologie ». J'ai fait confiance que son approche serait exactement ce qu'il me fallait en dépit de mon manque d'information sur cette discipline. J'ai continué à imaginer les tensions quittant mon corps pendant mes périodes de méditation et même, par moment au cours de la journée. Les semaines suivantes furent libératrices pour le dos. Je reprenais mon activité dans la joie et mon travail avec mes clients m'offrait encore plus de percées de conscience.

Fin de la quête insensée

C'était une fin de semaine d'automne, et je travaillais dans le jardin à ratisser des feuilles mortes et à tailler des branchages. J'avais décidé de ne pas prendre mon lecteur MP3, savourant de plus en plus le silence. La journée était ennuagée, sans être froide. Pendant que j'emplissais des sacs de feuilles, j'ai pensé à mon écriture et à mon travail avec le Cours. Je pensais à la multitude de spiritualités disponibles actuellement dans le monde ainsi qu'aux diverses manières de pratiquer le Cours lorsque j'ai soudain senti une vague de culpabilité et d'anxiété. J'avais fouillé l'Internet et, encore une fois, j'en étais ressortie confuse. Une de mes peurs était de perdre cette sensation, celle de cet après-midi ensoleillé en promenade, dans la présence de Dieu. Pour moi, il s'agissait d'un moment de grâce transitoire ; mais je désirais être encore proche de Dieu.

Il m'est vite apparu très clairement que je ne voulais plus jamais revenir sur le chemin de la confusion. *Ça suffit !* J'en avais ras le bol de chercher. J'ai attaché le troisième et dernier sac pour le compostage, je l'ai apporté à côté de la maison. *Terminé !* J'en avais

8. Nouveau cap pour un voyage ancien

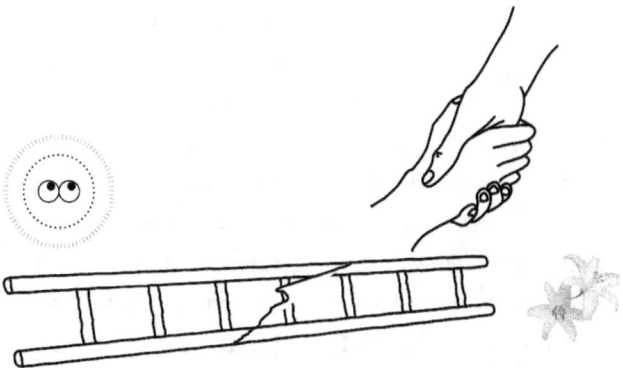

eu assez. Ce retour à la demeure ressemblait à une remontée sans fin sur un escalier roulant qui descend. Je n'en voulais plus. *Assez ! Assez ! Assez !* ai-je lancé à moi, à mon ego, au Saint-Esprit et à toute autre personne qui aurait pu m'entendre.

« Alors, arrête ! Cesse tout de suite de chercher. Ce n'est plus nécessaire. Tu en connais suffisamment. »

Ces paroles provenaient de la douce voix, maintenant familière, qui n'était jamais loin de ma conscience.

Et voilà ! Plus besoin d'étudier, d'apprendre ad vitam aeternam, ni d'essayer de comprendre d'innombrables approches alors que le but était clair et simple. Plus besoin de grimper. Le moment était venu *d'être*, tout simplement. J'ai replacé les outils de jardinage dans le cabanon, je l'ai refermé et je suis partie faire une longue promenade. Me demandant encore si je devais apporter mon baladeur, l'idée m'est venue d'effacer tous les séminaires concernant le Cours pour les remplacer par de la musique méditative…

En marchant, plongée dans les sonorités calmantes de la musique, je me suis sentie complètement apaisée. J'étais en paix, entièrement. J'ai alors su que je n'aurais plus à m'emplir la tête de toutes sortes de bruit. Je chérissais encore plus le silence que le « bruit d'apprendre ». Quand j'étais calme, je me souvenais très vite de la présence de Dieu ; lorsqu'il y avait du bruit, cette présence était très loin. Je ne voulais pas parcourir à nouveau cette distance.

La circulation était abondante pour un dimanche après-midi, et je me mis tout simplement à aimer mes frères et sœurs que je voyais passer dans leurs vies de rêve. Une très grande beauté émanait de toutes les personnes croisées au marché. Ce n'était que du bonheur ; un saut dans le terrain de jeu avec mes frères et sœurs en sachant que Dieu était là, tout près. J'étais soulagée de ne plus avoir à monter dans l'échelle qui mène à ma demeure. La demeure est ici. Dieu est ici. Le Royaume des Cieux était ici, maintenant. Il n'y a qu'à se placer en dehors du fracas pour permettre à la vérité de se révéler.

> Laisse toutes les illusions derrière toi et va au-delà de toute tentative de l'ego pour te retenir. Je passe avant toi parce que je suis au-delà de l'ego. Prends donc ma main, parce que tu veux transcender l'ego. Jamais la force ne me manquera, et si tu choisis de la partager, tu le feras. Je la donne volontiers et joyeusement, parce que j'ai autant besoin de toi que tu as besoin de moi. (T-8.V.6:6–10)

Aller de l'avant

Bien que la vie soit redevenue normale, je n'écrivais toujours pas. Je savais bien que je terminerais ce livre, mais je n'avais aucune idée comment. Jésus, par Lisa, m'avait bien signifié que j'allais continuer d'écrire et que ma raison d'être était de partager, mais je n'entrevoyais toujours pas comment j'allais m'y prendre. Ce que j'avais déjà écrit semblait désormais obsolète. Un matin, encore une fois, je me suis réveillée avec une idée bien précise.

« Tu vas publier ce livre tel qu'il est. C'est son but propre. Il s'avérera très utile à d'autres, car ils pourront témoigner ton passage d'un niveau de compréhension au suivant. Je vais t'aider. Continue simplement d'aller de l'avant. »

D'accord, dis-je à Jésus. Et nous avons rebroussé chemin ensemble vers le début du manuscrit.

Va de l'avant.

8. Nouveau cap pour un voyage ancien

Je crois que Jésus a été gentil envers moi pour que je ne me décourage pas trop en m'indiquant que j'écrirais ce livre « tel quel ». Bien qu'une partie importante du contenu original demeure pertinent et qu'il ait été retenu dans la version finale, j'ai dû faire un réaménagement important de l'ordre des chapitres ainsi que plusieurs révisions éditoriales supplémentaires.

Je n'avais pas trop envie de retourner dans le temps pour revoir mes connaissances des chakras, j'étais néanmoins curieuse de la plus récente transmission de Lisa. Compte tenu de la pertinence de ses transmissions et de ma gratitude à recevoir ainsi Jésus, j'ai décidé de revoir certains textes qui pourraient favoriser ma guérison. J'ai rapidement établi le lien entre le plexus solaire et la confiance. Je devais cesser de penser, il s'agissait de simplement faire confiance. La guérison du plexus solaire est la guérison de la confiance. Je devais faire confiance et écouter, ce que j'ai fait alors qu'à nouveau, j'ai entendu la voix de mon guide.

« Tu as demandé Qui veut savoir ? Qui est le moi qui regarde tout cela et qui apprend ? Il n'y a qu'esprit. La matière est une fausse représentation de ce qui est. Elle en est le substitut. Il est insensé de se servir des sens pour comprendre la vérité ou l'esprit, car il est impossible de comprendre avec les outils conçus pour valider la matière. Ne cherche pas à connaître l'esprit via les sens. C'est pour cela qu'il t'est demandé de ressentir. En ressentant par le plexus, tu seras sûre de ce que tu connais. La confiance émane du plexus solaire. Fais confiance, tu sauras. Si tu as posé une question, sois assurée de sa réponse. Tu ne peux pas recevoir la réponse du mauvais médium, les sens. Tu dois en faire l'expérience« L'esprit analytique est conçu pour traiter l'information sensorielle ; il n'est pas conçu pour faire l'expérience du pur esprit. Ce n'est qu'en ressentant que tu commenceras à connaître ton pur esprit ; l'intellect ne peut t'y mener. C'est pourquoi, dans plusieurs traditions anciennes, une partie importante de la formation exige l'apaisement de l'esprit par la pratique du contrôle de la pensée. Tu ne peux pas ressentir ou faire l'expérience de la vérité ou du pur esprit en pensant. Penser doit cesser. La pensée nuit à l'expérience. Le ressenti est plus près de l'état d'être que la pensée. Il est également impossible d'intellectualiser le ressenti. Cesse la pensée, comme tu le fais en méditation, et permets-toi simplement d'être. Tu as raison, l'esprit apaisé est en mesure de capter la vérité. Dans l'esprit apaisé, les pensées ne peuvent pas nuire à l'expérience.

« Là réside la valeur des tâches simplistes, répétitives, ce que tu appelles les tâches monastiques, les tâches qui n'exigent pas trop d'implication cérébrale et qui ne nécessitent pas d'analyse compliquée. Pendant que les sens et l'esprit sont occupés à des tâches toutes simples, tu es, encore une fois, dans un état propice aux miracles. Les tâches simples te rapprochent davantage de la présence de Dieu, bien davantage que les tâches intellectuelles et complexes. C'est pourquoi, une fois engagée dans ces tâches simples, tu dois les respecter pour ce qu'elles représentent réellement. »

C'est ainsi que dans mon écriture, lorsque je me heurtais à un nœud, je prenais le temps de m'arrêter, me vider l'esprit, aller marcher, méditer et attendre que revienne l'inspiration. Au moindre doute, ces mots me venaient à l'esprit : *va de l'avant*. Sans exception, même lors des moments de doute les plus difficiles, je recevais l'inspiration qui me manquait afin de terminer ce que j'avais entrepris.

> Le voyage à Dieu n'est que le nouveau réveil de la connaissance de là où tu es toujours, et de ce que tu es à jamais. C'est un voyage sans distance vers un but qui n'a jamais changé. La vérité ne peut être qu'expérimentée. Elle ne peut être ni décrite ni expliquée. (T-8.VI.9:6-9)

9. AU-DELÀ DE L'ILLUSION

Au-delà de ce monde, il y a un monde que je veux. Je choisis de voir ce monde-là au lieu de celui-ci, car il n'y a rien ici que je veuille réellement. (L-pI.129.7:3–4)

Quand j'ai compris que je recevrais l'aide dont j'avais besoin pour achever ce livre, je n'ai pas, pour un instant, cru qu'il s'écrirait tout seul ; je savais bien que c'était mon travail à moi de le faire. J'étais simplement heureuse de savoir que mes aptitudes pouvaient être utiles, et c'est avec honneur que je les ai remises au Saint-Esprit au bénéfice de tous. Le processus de révision s'avéra beaucoup plus long et ardu que je ne l'avais d'abord cru, un détail que mon enseignant, désormais devenu rédacteur en chef, avait omis, sans doute pour ne pas que je me décourage et ne lâche le morceau, ce que j'aurais sans doute fait. J'ai dû me souvenir d'aller de l'avant très, très fréquemment. J'ai dû corriger la façon dont j'avais présenté la métaphysique du Cours, une tâche qui me semblait énorme, alors à chaque étape, j'ai dû me dégager l'esprit, demander de l'aide et pratiquer l'écoute. Du moins, c'était mon intention la plupart du temps, quand je me disais que l'écriture ne dépendait que de moi. En fait, j'étais en panne d'écriture chaque fois que je me croyais seule maîtresse à bord.

Bien que j'ai déjà traité de la mythologie du Cours dans mes livres précédents, cette fois-ci, l'ego a été soigneusement présenté selon les quatre divisions telles qu'enseignées par Kenneth Wapnick, et pimentées d'illustrations amusantes d'Alexander Marchand. Pendant des années je m'étais sentie tout à fait à l'aise de parler du désir de séparation du Fils de son Père, du Fils acceptant l'invitation proférée par l'ego de vivre dans un monde à part de Dieu, que tout n'était qu'illusion, nourrie de culpabilité et de peur refoulée de la croyance du péché. Je pense même que je prenais un malin plaisir à enseigner et à parler de la théorie abracadabrante de la non-dualité et des détails savoureux qui traitent de la séparation. Somme toute, j'aurais dû avoir la puce à l'oreille quand, après des années entières à en parler et à travailler avec la mécanique de la séparation, je n'avais aucune montée d'ego. Hmmph.

Ma représentation de la mythologie du Cours était certes bien organisée et logique ainsi qu'empreinte de justesse dans son aspect métaphysique, mais elle demeurait néanmoins une représentation qui n'existe pas, une illusion. J'avais appris à présenter les informations de façon à ce qu'elles omettent ce qui était vrai : Dieu et le Royaume des cieux. L'ego demeurait en sécurité, bien enveloppé dans cette présentation d'un monde faux, de sa propre fabrication. Cette manière de voir le monde était sans risque pour mon soi identifié à l'ego, car cela gardait Dieu à une distance respectable. J'ai réalisé, avec le recul, que c'était avec un ego très apeuré que j'avais entrepris ce courageux voyage. J'allais inévitablement organiser ces nouveaux savoirs de la manière la moins effrayante et la moins menaçante pour mes croyances existantes depuis plusieurs incarnations.

Au début de 2011, j'ai posté une question dans un réseau social : Quel aspect du *Cours en miracles* avez-vous trouvé le plus difficile à apprendre et à appliquer dans votre vie ? On aurait cru que les réponses traiteraient de la gentillesse, de l'amabilité ou de l'application du pardon dans les relations tendues. Au lieu de cela, deux questions sont apparues: accepter sans aucun doute que ce monde n'est pas réel, et, Dieu qui n'a même pas conscience de cet univers de temps, d'espace et de formes. Ainsi, je n'étais pas seule à vouloir réconcilier ces questions difficiles, propres au Cours.

Afin d'aborder correctement ces questions, il faut du recul pour les formuler d'un point de vue aussi large que possible. Commençons avec l'idée que ce monde est réel et inclusif. Nous n'avons aucune difficulté à croire cela, car nous y touchons, nous le sentons et nous

9. Au-delà de l'illusion

le goûtons. Nous n'avons jamais pensé à nous interroger sur la réalité de l'expérience que nous vivons avec les objets matériels. Nous ne mettons pas en doute les messages de nos sens ni de nos cerveaux qui interprètent les données transmises entre les deux.

Il est possible de s'être demandé : si Dieu existe, pourquoi ne le vois-je pas ? S'Il existe et que je ne Le vois pas, comment pourrais-je Le connaître ? Si le Père nous aime vraiment, Il doit savoir notre existence quelque part. Peut-être que nous ne sommes pas au courant de Lui. Est-ce possible que nous l'ayons exclu de nos consciences ? Nous sommes donc responsables de notre séparation de Lui. Nous Lui avons, pour ainsi dire, tourné le dos. Si nous voulions nous joindre à Lui, nous saurions donc qu'Il n'a jamais cessé de nous aimer.

La vérité est que le monde n'est pas *seulement une illusion* ; le monde que nous voyons est un substitut, un remplacement de la vérité. Ce devant quoi je me tiens est Dieu ; c'est ma vision qui est temporairement altérée. Ainsi, dans l'illusion, alors que je semble endormie, je perçois de l'obscurité et de la densité plutôt que ce qui existe réellement, soit l'esprit. Quand nous n'arrivons pas à nous percevoir autrement que comme des corps séparés, distincts les uns des autres pensant que nous pouvons décider indépendamment de l'esprit uni, nous souffrons en masse d'un cas grave de fausse perception.

Le Cours dit clairement que Dieu est dans tout, qu'Il est partout, qu'il n'y ait aucun endroit où Il n'existe pas. Le problème n'est pas le monde ; le problème réside dans notre perception du monde. Nous ne voyons pas ce monde tel que Dieu l'a créé. Nous voyons le monde tel que nous l'avons fabriqué, tels les rêveurs du rêve. S'il n'y a pas de faux monde, alors il devrait y en avoir un vrai à la place. Le monde des formes est une façon fabriquée de voir. Il est le substitut de la réalité sur un niveau perceptuel limité. Le monde externe n'existe que lorsque nous nous identifions au corps projeté. Nous percevrons un monde physique tant que nous croirons qu'il y a un percepteur indépendant qui cherche en dehors de lui la personne ou la chose qui validera l'expérience de séparation. Quand nous abandonnons notre dépendance à nos individualités séparées, l'esprit est guéri, et toutes nos relations sont guéries. Notre perception est le problème. Il n'existe aucun lieu où Dieu n'existe pas. Dieu doit être ici, maintenant. Ce que Dieu crée doit donc être entier et innocent, alors quand je perçois mon frère autrement qu'entier et innocent, ma perception doit être fausse.

Dans ma ferveur pour démontrer l'histoire de la « mal-création », j'avais oublié que le mythe n'est qu'une histoire utilisée pour illustrer un principe ou une vérité. Cette histoire n'est pas vraie. Ainsi, ma réaction première était de me juger pour ma témérité. Cependant, j'avais appris que ni mon corps ni mon travail d'astronumérologue ne méritaient d'être dénigrés et j'ai pu déduire ainsi que mon parcours avec le *Cours en miracles* ne devait pas l'être non plus. Il est naturel que nous ayons des mécanismes d'auto-défense lorsqu'il s'agit de systèmes de pensée ayant le potentiel de nous transformer comme c'est le cas avec le Cours. Nous ne pouvons apprendre de nouveaux savoirs sans être prêts à les assimiler. Motivée par un désir quasi compulsif de connaître la vérité, j'avais fait de mon mieux en apprenant à un rythme approprié pour moi, et pour mon plan en vue de l'éveil.

Va de l'avant.

Restait la question de ce chapitre délicat et j'ai demandé à nouveau d'être guidée, prête à accepter la réponse qui me serait donnée. Encore une fois, je me suis réveillé le lendemain matin avec une idée claire sur la façon de traiter le sujet: en créant ce chapitre intitulé « Au-delà de l'illusion ». Ainsi, j'arriverais à effectuer les ajustements nécessaires. En premier lieu, j'ai éliminé toutes les sections illustrant le mythe de la séparation. Cette approche m'avait bien servie au début de mon parcours avec le Cours, dorénavant, elle me mettait des bâtons dans les roues, d'autant plus que l'ego avait appris à détourner mon apprentissage en y insérant juste assez de lacunes pour m'empêcher de voir la vérité de manière plus englobante. Il était temps de changer de carte routière. Pour ceux qui cheminent

9. Au-delà de l'illusion

sur la même route, nous sommes à présent appelés à laisser de côté nos béquilles habituelles et faire l'expérience une fois pour toutes de nos vraies natures. L'heure est venue d'être réellement curieux de la vérité et cesser de tergiverser avec des théories et des représentations de l'illusion à n'en plus finir. C'est le temps de faire l'expérience de notre vrai soi comme pur esprit, tel que Dieu nous a créés.

Si, tel que le Cours nous l'enseigne sans équivoque, il n'y a que Dieu et le reste est illusion, cela signifie que notre place véritable est avec Dieu et donc dans la lumière, ce qui veut dire, illuminés. Désirer l'illumination n'est rien d'autre qu'aspirer à notre nature véritable, notre droit de naissance en tant qu'enfants de Dieu. Tout autre état est faux. Jésus nous rappelle que nous sommes avec lui, ce qui signifie être comme lui, déjà illuminés. La seule véritable question est de savoir pendant combien de temps nous voulons retarder l'inévitable souvenir de notre condition réelle. Chacun d'entre nous a le pouvoir de se détourner de l'obscurité et de regarder vers la lumière. Cela est un fait. Continuer de vouloir l'obscurité signifie s'accrocher à l'illusion. Être dans la lumière est ce que Dieu veut pour nous. Il va donc de soi que nous n'atteignons pas l'illumination pour nos bonnes actions ; c'est la volonté de Dieu de faire l'expérience de l'illumination, car il en est de notre véritable condition. Elle est là pour nous, lorsque nous décidons que l'obscurité n'est pas un état digne d'un enfant de la lumière. Elle est ici, maintenant.

Réponse à l'appel

La sainteté, l'illumination, le nirvana, l'éveil, le samhadi et l'atteinte du monde véridique semblent tous être des variations de ce qui est un but inatteignable, hors de la portée du commun des mortels. Pourtant, Jésus nous rassure dans le Cours qu'il s'agit de notre état véritable et naturel, lequel demeure inchangé, exigeant en réalité, très peu d'effort pour l'atteindre. Il ne requiert ni vie de souffrance, de privation ou de sacrifice ; ni d'années de prière, de discipline, de méditation, de célibat, de pauvreté ou de jeûne, ni de rasage de crâne, de port de sandales et de robe ocre. Il n'est pas non plus nécessaire d'ajouter un culte sélectif, de traverser pieds nus un désert brûlant, d'affronter des dangers qui menacent nos vies ni de se flageller ou de se départir de son héritage ou d'accomplir des actes héroïques. Ce sont là des distractions qui rendraient l'éveil certes plus intéressant ou peut-être même, en allongeraient la durée. Le secret le mieux gardé pour atteindre la sainteté est très, très simple : il suffit de n'avoir aucun autre désir.

> Les miracles devraient inspirer de la gratitude et non de la révérence. Tu devrais remercier Dieu de ce que tu es réellement. Les enfants de Dieu sont saints et le miracle honore leur sainteté, qui peut être cachée, mais jamais perdue. (T-1.I.31)

L'atteinte de notre entièreté telle que Dieu nous a créés, exige que nous soyons prêts à regarder sans juger ; que nous puissions accepter notre part de responsabilité d'avoir choisi autre chose que cette union, et que nous soyons prêts à mettre notre confiance dans

9. Au-delà de l'illusion

un processus dont le but est de nous aider à dénouer le mensonge qui nous écarte de notre sainteté inhérente. Nous devons également être prêts à nous avouer que les buts chéris et poursuivis au cours de nos existences ne nous ont pas encore apporté l'entièreté recherchée, et qu'il est fort probable qu'ils ne l'apportent jamais. Nous devons être prêts à considérer que ces buts choisis ont servi à nous distraire et à éviter le plus longtemps possible la peur de ce jour où nous découvrirons et nous réclamerons notre entièreté naturelle. Cela semble difficile et pourtant si important.

Ce qui semble empêcher l'atteinte de l'entièreté, c'est notre perte de contact avec la source réelle en tant qu'êtres incarnés dans un monde que nous croyons bien réel. Cette perte est caractérisée par notre décision de vivre la séparation, la culpabilité de ce choix et le besoin de la connaissance, repoussée le plus loin possible de notre conscience. Ce qui nous maintient en dehors de notre entièreté c'est notre croyance dans un mensonge, mensonge qui nourrit notre dépendance à notre expérience apparente de séparation du Père. Comme nous croyons au concept du temps, nous ne sommes pas en mesure de comprendre que nous avons le pouvoir de choisir notre entièreté maintenant ; nous pensons qu'il s'agit d'une chose à laquelle nous pourrons aspirer plus tard. Du moins au début de notre cheminement vers la guérison, nous ignorons complètement ce pouvoir, inconscients du fait que nous choisissons à chaque instant, soit de se souvenir ou d'oublier. Parce que la partie décisionnelle de notre esprit nous est encore inconnue, nous avons besoin d'un enseignement qui nous facilite le retour vers notre pur esprit. Ce qui nous maintient loin de notre entièreté est une pensée de séparation et les pensées peuvent être changées.

Un système spirituel, tel *Un cours en miracles*, tend à attirer des gens qui à un moment donné ont connu l'inconfort et la douleur de nature physique ou, plus souvent, émotionnelle. Le titre lui-même évoque une promesse d'intervention à la fois divine et anodine dans les affaires d'un monde qui nous semble avoir un grand besoin de miracles. Dans une certaine mesure, l'adhésion dans la plupart des religions ou des sectes se construit et se nourrit de la douleur et de la souffrance des masses. Une promesse de paix et surtout l'espoir du pardon de Dieu peuvent avoir un pouvoir d'attraction très fort pour les âmes brisées, perdues et sans droit d'existence. Le défi devient alors de trouver une voie honorant ses promesses.

Le Cours existe pour quiconque entend son appel. Des gens de toutes races, de toutes croyances, de toutes cultures et de toutes professions ont adopté son message guérisseur. Quoiqu'il y ait certainement de telles personnes, même plusieurs, je n'ai pas encore rencontré quelqu'un qui vit la belle vie, sans souci, décidant de lire le gros livre bleu pour en savourer l'écriture complexe et sophistiquée sans parler du plaisir à explorer le péché, la culpabilité et la peur réprimée, ainsi que la projection insensée, cette solution aux problèmes que nous avons fabriqués. Non, personne n'en a instantanément adopté la stupéfiante métaphysique. En raison de notre peur profonde et de notre résistance à abandonner l'idée d'un soi séparé, le voyage du retour à notre demeure risque de mener ces étudiants à travers des zones de turbulence avant de connaître la joie véritable qui survient lors du retour à la vérité.

Plusieurs individus sont d'abord attirés vers le Cours après avoir passé des années à chercher la vérité et à s'être épuisés à ressasser les mêmes questions et réponses sur le sens de la vie de même que sur son origine. Dès leurs plus jeunes années, ils auront ressenti une impression, parfois vague, parfois nette, qu'il manquait quelque chose dans ce vaste univers. Ce mécontentement divin les a incités à poursuivre leurs recherches. Ils se sentaient souvent prêts au moment où le Cours est apparu dans leur vie : voici ce que j'ai cherché toute ma vie ! Au fond d'elles-mêmes, ces personnes savent que le Cours est arrivé à point, presque comme si le moment était déterminé d'avance. Cette reconnaissance sera souvent accompagnée du sentiment de non-retour dans la quête de toute une vie, et que leur vie va bientôt prendre une toute nouvelle direction, ce qui est souvent le cas.

9. Au-delà de l'illusion

D'autres viendront au Cours à des moments où leur vie est devenue intolérable et avec un besoin désespéré d'obtenir réponses et assistance. Ces personnes auront probablement tenté de résoudre leurs problèmes en fouillant sincèrement les approches Nouvel Âge, « New Thought », psychologie populaire et dans les diverses spiritualités. Lorsqu'elles auront connu des succès mitigés ou des échecs complets, étant toujours en manque de paix intérieure, étant spirituellement épuisées, vidées, découragées et désillusionnées, elles se tourneront vers *Un cours en miracles*, souvent recommandé par un proche. « Tiens, ceci pourrait t'aider » leur dira un bienveillant. La réponse sera « Dieu sait que j'ai besoin d'un miracle »! Soulagés d'avoir enfin trouvé la vérité, mais incertains de comprendre le style sophistiqué du Cours, ces nouveaux élèves chercheront du soutien soit dans leur communauté ou sur Internet.

Ces gens pourtant soucieux de résoudre leurs problèmes ne sont pas nécessairement prêts à accepter leur propre contribution au seul et unique problème, soit le désir persistant d'une expérience de séparation. Ils chercheront alors des interprétations alternatives du Cours, des approches moins intransigeantes, moins radicales, pour se sentir mieux dans le monde. En général, cela ne prend pas de temps pour réaliser que leur nouvelle spiritualité ne résoudra pas les problèmes rapidement ; découragés, ils se demanderont alors pourquoi leur ami a recommandé ce livre si compliqué, et le gros livre bleu se retrouve sur une étagère. Quelques personnes le reprendront dès le lendemain, l'appel étant impossible à ignorer ; d'autres y reviendront quelques années plus tard ; bien d'autres encore n'y reviendront jamais.

Ensuite, il y a ceux que le Cours attirera tout simplement en raison de sa popularité croissante. Untel en aura fait mention dans son blogue, un autre dans un de ses livres. Voulant faire partie du mouvement, ces personnes se procureront leur propre exemplaire. Ils se joindront vite au rang de ceux et celles que la complexité du Cours déconcerte dès les premières pages, et eux aussi, trouveront une place pour le gros livre sur une étagère pour ne jamais le relire.

Parfois, le livre sera offert à un proche qui traverse une passe difficile. « Ceci pourrait t'aider », diront-ils à leur ami qui aurait bien besoin d'un miracle. Ils diront peut-être qu'ils l'ont lu il y a longtemps, et même qu'ils sont d'accord avec son message. Beaucoup se plaignent du style hautement intellectuel et complexe du Cours, mais en même temps, leurs étagères débordent de livres de tous genres, suffisamment pour confondre les plus savants. Ces mêmes personnes n'ont, par contre, aucune difficulté à se servir des appareils technologiques les plus avancés : télécommandes, GPS, cellulaires, caméras numériques, trucs électroniques et médias sociaux aux interfaces et aux applications les plus performantes du jour.

L'apprentissage de la théorie de cette spiritualité ressemble à celui déployé pour apprendre à lire et à écrire. Bien que mémoriser l'alphabet, apprendre les règles de la grammaire et apprendre à lire « Léa aime le lait » n'ait pas été le point culminant de notre éducation, cet enseignement s'est avéré fort utile pendant notre croissance alors que nous entamions notre exploration du vaste monde. Nous devions apprendre à lire les panneaux de signalisation pour prendre le bon autobus et, une fois adolescent, dénicher nos chanteurs préférés dans les piles de disques des magasins de musique. Sans ces leçons de base, il n'y aurait certes pas de « textos », nous ne serions pas en mesure de « surfer sur le Net », sans parler des aptitudes tout à fait branchées sur la culture actuelle, nécessaires pour comprendre la sténographie particulière aux « textos » en question. Comme nous provenons tous de la même Source, nous pouvons présumer que nous sommes tous en quête d'une paix durable et que nous aspirons à un retour vers notre demeure. Cependant, probablement personne, n'a envie de regarder l'obscurité qui nous maintient séparés de la vérité. Pour ceux que le *Cours en miracles* a interpellés, l'approche la plus simple sera d'étudier son alphabet tant bien que mal, et d'essayer d'en appliquer les principes aux circonstances particulières de leurs vies.

Un aspect essentiel de la méthode d'enseignement qu'utilise Jésus est de s'adresser à chacun de nous sur deux niveaux distincts :

9. Au-delà de l'illusion

en tant que « soi » individuel, prétendument corporel, ce qui représente le niveau des effets, ensuite, en tant que pur esprit, doté de capacité décisionnelle et représentant le niveau des causes. Lorsqu'il s'adresse à nous en tant que corps, nous sommes confus. « Je ne suis pas dans ma véritable demeure ? », nous indignons-nous. « J'ai travaillé fort pour faire ma place dans ce monde. D'ailleurs, je suis ici, dans un corps que je ne peux dénier, donc ce doit être ce que je suis ! » Lorsque Jésus s'adresse à nous en tant que pur esprit, il fait résonner au plus profond de nous ce désir de connaître cette vérité de notre entièreté tel que Dieu nous a créés ; il nous parle là où nous sommes en réalité, avec lui, joints dans l'esprit au niveau de l'être que nous ne connaîtrons pas avant qu'il ne nous soit montré par quelqu'un. « Viens là où je me trouve. Éveille-toi là où tu es en réalité, avec moi et avec tous tes frères et sœurs éveillés », nous enjoint-il.

Cependant, ce qui n'est pas compris immédiatement, c'est que ces niveaux ne sont pas connectés de manière linéaire : leur relation est plutôt holographique, ce qui veut dire que lorsque l'esprit est prêt et que l'âme séparée du Tout désire faire l'expérience de l'état d'entièreté qui lui est propre, le niveau des causes peut être atteint instantanément sans aucun délai ni obstacle. Le temps n'est réel que pour un esprit séparé qui se croit prisonnier d'un corps. Tant que nous ne comprendrons pas la relation entre les deux niveaux, il est difficile d'envisager la possibilité de passage d'un niveau à l'autre et le retour paraîtra interminable. Il n'existe aucune hiérarchie de spiritualité ; il n'y a aucun besoin réel de se développer ni de se perfectionner. La connaissance de notre perfection inhérente est tout simplement là, et elle attend que nous nous en souvenions, car il s'agit de notre état naturel.

Tant et aussi longtemps que nous nous identifierons aux perceptions limitées de nos corps et de nos cerveaux, nous ne pourrons pas faire autrement que de croire à des forces en dehors de nous—en dehors de nos esprits, des forces qui sont la cause de tous les phénomènes, incluant nos vies ainsi que la totalité de l'univers. Cela nous aide à nourrir la croyance de n'avoir aucun pouvoir inhérent de transformation ni de progresser dans notre cheminement. Pour l'esprit non entraîné, la seule explication plausible est que nous sommes les victimes de forces hors de notre contrôle. Le Cours nous aide à changer tout ça, en nous montrant où se trouve notre véritable pouvoir : dans notre esprit. La destination vers laquelle nous mène ce programme d'enseignements, soit le retour de l'esprit vers l'entièreté, est également le point de départ à partir duquel nous avons choisi de croire qu'il est possible de vivre séparés de notre Source ; ainsi, nous pourrons boucler notre parcours et inévitablement, nous retournerons dans notre demeure. Ce qui n'est pas naturel, c'est le système de pensée qui maintient l'état de séparation, il ne peut pas durer toujours ; ce qui est naturel, soit la parfaite unité, n'a jamais changé. C'est ce que le Cours appelle un voyage sans distance.

La culpabilité : un sale petit secret

Le Cours est un entraînement pour l'esprit conçu pour être appliqué dans l'esprit et par l'esprit. Son but est la correction de nos perceptions fausses et restrictives. Bien que Jésus maintienne qu'il s'agit d'un cours très pratique, il nous enseigne également que nos yeux ne voient pas et que nos cerveaux ne pensent pas ; que le monde tel que perçu ainsi que tout ce qu'il contient, incluant le gros livre bleu auquel nous donnons tant d'importance, n'existe même pas. Il nous dit aussi que nous avons été mal enseignés et que, d'ailleurs, nous ne connaissons rien de rien. Nous sommes des rêveurs dans un rêve autofabriqué, en apparence très loin de la réalité, nous sommes coupés du véritable pouvoir du pur esprit, en fait, nous sommes sans esprit. Tant pis pour ces années de quête spirituelle !

Comment devons-nous regarder ? Que veut-Il que nous voyions ? Alors avec quoi au juste si ce n'est pas avec nos yeux ? Si nous sommes endormis, qui devrait regarder ? S'il existe un soi qui ne dort pas, où se trouve-t-il ? Où donc est cet esprit ayant besoin d'entraînement ? Qu'est-ce que ce soi ? Voit-il ? Que

9. Au-delà de l'illusion

voit-il ? À qui Jésus s'adresse-t-il ? Bon dieu, qui est-ce qui pose toutes ces questions ?

Plus confrontant encore, on nous dit que nos esprits ne sont pas en dehors de nous, dans le monde, pas plus que nous ne sommes là en dehors de nous-mêmes dans nos corps. Si nous désirons voir véritablement, il n'y a pas d'autre voie à prendre que celle menant vers l'intérieur, simplement, en tournant notre attention de cent quatre-vingts degrés. Simple, certes, sauf pour la barrière entre notre identification à nous-mêmes en tant qu'individus dans des corps et la vérité du pur esprit cachée par la folle histoire de séparation. Au cœur de notre acceptation de l'idée de séparation réside notre croyance que le péché est réel ainsi que la culpabilité envahissante qu'une telle croyance a engendrée. La culpabilité est essentielle pour maintenir l'illusion du soi séparé ; sans culpabilité, le besoin de se cacher ou de maintenir un état de séparation disparaît. Dans l'unité parfaite, l'unicité n'existe pas ; il n'y a ni conflit ni lutte pour la survie ; il n'y a aucun besoin. La culpabilité fait tourner le monde ; pas l'argent, et certainement pas l'amour. En fait, c'est la culpabilité qui a fabriqué le monde que nous percevons. Il n'a pas à chercher plus loin la cause de ce monde ainsi que les expériences captivantes que nous y vivons en tant que corps apparemment séparés du tout. La culpabilité est notre sale petit secret, et comme nous sommes devenus dépendants de l'état de séparation et que nous demeurons indépendants du Père, c'est là un secret que nous chérissons et auquel nous nous accrochons avec élan.

> Tu étais sûr d'une seule chose : De toutes les nombreuses causes que tu percevais comme t'apportant douleur et souffrance, ta culpabilité ne faisait pas partie. (T-27.VII.7:4)

Comme cet énoncé proclamant notre croyance dans la culpabilité ne va pas faire l'unanimité, Jésus sait qu'au tout début de notre voyage, nous devrons y aller à petits pas. Il nous entraîne tranquillement, doucement, avec amour, sans juger, surtout si nous résistons et, par-dessus tout, en respectant notre peur. Lorsqu'il a étalé au grand jour les concepts du péché, de la culpabilité et de la peur, il nous rassure en nous expliquant que les obstacles qui nous séparent de la vérité ne sont rien de plus qu'un léger voile perceptuel, n'ayant pas plus de poids qu'une plume ; qu'il ne s'agit, en réalité, de rien de très signifiant! Toute cette histoire n'est qu'une erreur, même pas un péché ni un crime, simplement une folle idée, une idée que nous avons prise au sérieux il y a longtemps et nous devons simplement en rire.

> Cette barrière qui paraît si lourde, ce plancher artificiel qui ressemble à du roc, est comme un amoncellement de nuages bas et sombres, qui semble former un mur solide devant le soleil. Son apparence impénétrable est entièrement illusoire. Il cède mollement aux sommets montagneux qui le dépassent et il n'a pas du tout le pouvoir de retenir quiconque désire grimper plus haut pour voir le soleil. Il n'est pas assez fort pour arrêter la chute d'un bouton ni pour tenir une plume. Rien ne peut reposer sur lui, car ce n'est que l'illusion d'un fondement. Essaie seulement de le toucher et il disparaît ; essaie de l'attraper et tes mains ne retiennent rien. (T-18.IX.6)

Lorsque nous commençons à explorer et que nous osons mettre en pratique le message de pardon du Cours, l'ego, toujours prêt à participer, s'embarque pour le voyage. Vous pouvez gager votre gros livre bleu qu'il cheminera avec vous à chaque pas. Il joue un rôle important dans tout ce que nous faisons, et surtout lorsqu'il s'agit d'entraîner nos esprits, puisque sa survie dépend de l'échec de nos efforts à retourner notre attention vers l'intérieur. Tant et aussi longtemps que nous demeurons préoccupés par le monde et le corps, nous demeurons sans esprit. Être sans esprit est une bonne chose, dit l'ego. Cet état m'achète du temps. Le temps est formidable lui aussi, car les phénomènes s'y déroulent de manière linéaire illusoire. Le temps dit qu'un passé dans lequel j'ai péché existe et que ce passé me rattrapera certainement un jour et ainsi la peur est-elle générée et maintenue vive. Être sans esprit ajouté au temps, voilà la combinaison idéale pour continuer à croire dans l'illusion.

9. Au-delà de l'illusion

Naturellement, lorsque nous commençons à creuser sous la surface de nos soi, si bien sculptés par l'ego, nous sommes certains de rencontrer des résistances. Dans l'illusion, une chose demeure certaine: l'ego n'a pas nos intérêts supérieurs à cœur. Lorsque nous faisons nos premières tentatives pour tourner notre attention vers l'intérieur, il devient nerveux et le fin voile dont Jésus nous parle apparaît comme un mur de briques solide. C'est là que nous trébuchons, nous perdons pied, nous commençons à douter du Cours, à douter qu'il puisse fonctionner pour nous. Et nous avons à peine commencé notre voyage de retour !

Pendant que nous avançons courageusement sur notre chemin, la résistance commencera à se manifester de mille façons, plus créatives et plus rusées les unes que les autres : un intérêt de plus en plus marqué pour le travail, une dépendance croissante à l'Internet, une augmentation de nos activités mondaines, à leurs obligations et à leurs distractions, et nous oublions de lire nos leçons. Ce que nous avons appris du pardon n'arrive pas à se frayer un chemin vers notre esprit alors que nous sommes préoccupés par nos activités quotidiennes. D'ailleurs, le livre bleu est tellement difficile à lire... Et nous concluons que le Cours est trop difficile.

Mais je ne me sens pas coupable !

Qu'advient-il si je ne ressens aucune culpabilité ? Cette question survient souvent, inspirée par qui ? Notre bon camarade, l'ego, lequel sait si bien nous faire sentir mieux à propos de nous-mêmes, de nos soi séparés, il va sans dire. C'est une déclaration fréquente des nouveaux élèves du Cours qui cheminent et travaillent sur eux-mêmes depuis plusieurs années. Mais je ne me sens pas coupable ! J'ai déjà réglé toutes ces histoires de mon passé : j'ai pardonné à ce salaud de premier mari pour ses incartades, à mon parent abusif, à mes enfants ingrats, pour tout ce qu'ils m'ont fait subir. C'est terminé à présent. Pourquoi m'en faire, car il ne s'agit que d'illusions de toute façon, pourquoi alors chercher la culpabilité ?

De toute évidence, comme la culpabilité réside au cœur des croyances secrètes abritées en nous, le dur labeur accompli n'a pas agi aussi profondément qu'on le croirait. Il aura peut-être permis une belle croissance personnelle et une meilleure connaissance de soi, une partie importante du processus d'éveil spirituel, mais le problème fondamental demeure enfoui. Les chercheurs spirituels, ouverts et prêts à entendre le message du Cours, mais dont l'ego est encore un tantinet sensible, nieront habituellement la culpabilité ainsi que les zones obscures tapies sous la patine brillante de belles théories spirituelles et métaphysiques. La vérité est que la culpabilité ressentie est si horrible que personne n'en est conscient, au moins certainement pas volontairement. Personne ne désire y aller. L'ignorance est la sécurité de l'ego, et comme nous sommes effectivement sans esprit, nous ne voyons pas qu'il existe une autre façon de regarder.

> Le péché est un bloc, installé comme une lourde grille, verrouillée et sans clef, barrant la route vers la paix. Nul qui le regarde sans l'aide de la raison ne tenterait de le passer. Les yeux du corps le voient comme du granit, solide et si épais que ce serait folie d'essayer de le passer. Or la raison voit facilement à travers parce que c'est une erreur. La forme qu'il prend ne peut dissimuler son vide aux yeux de la raison. (T-22.III.3:2–6)

9. Au-delà de l'illusion

Pourquoi est-il nécessaire de reconnaître la culpabilité ? Ne suffit-il pas de savoir qu'elle est là ? Si nous ne nous sentons pas coupables et que nous trouvons la paix, est-ce vraiment nécessaire de creuser encore ? Pourquoi faire des vagues ? N'avons-nous pas déjà suffisamment de drames et de conflits dans nos vies ? La paix n'est-elle pas le but à atteindre? Eh bien, sans culpabilité nous ne serions pas ici ; et s'il n'y avait pas de culpabilité, étant ici, nous serions immunisés contre toutes mal-perceptions, vivant en permanence un état de paix immuable, d'entièreté, de joie et d'amour total envers tout et tous. Nous saurions que rien n'existe en dehors de la présence de Dieu.

La croyance dans la culpabilité est essentielle à la survie de l'ego ; sans elle nous n'aurions pas peur de porter notre attention vers l'intérieur. Lorsque nous commençons à regarder la culpabilité, nous entamons la déconstruction de son système de pensée fautive, ce système voulant que ce que Dieu a créé puisse pécher. Aurons-nous besoin de dénicher chacune des pensées coupables que nous avons eues ? Cela pourrait prendre toute une vie et plus ! Absolument pas. Mais nous devons apprendre à reconnaître les ruses de l'ego et nous familiariser avec ses moyens utilisés pour nous empêcher de découvrir la vérité de notre entièreté. Nous devons reconnaître la culpabilité lorsqu'elle se manifeste afin de lui dire « non », le fils de Dieu n'est pas un pécheur. Abandonner la culpabilité signifie que nous sommes prêts à avouer que chacun d'entre nous, sans exception, est sans tache, selon la création de Dieu, et donc il n'est pas nécessaire de nous cacher dans un monde imaginaire. Laisser tomber la culpabilité, c'est abdiquer du faux soi et permettre au Soi véritable d'exprimer la Gloire de Dieu.

Une nouvelle façon de regarder

Nous avons peut-être demandé à voir autrement, mais nous ne nous sommes probablement pas aperçus que nous devrons abandonner notre ancienne façon de regarder selon la perspective voulant que rien n'existe au-delà de la forme et que nous sommes limités par les corps dans lesquels nous semblons être enfermés. On nous demande maintenant de regarder avec les yeux de notre esprit juste et sain, avec des yeux qui ne sont pas aveuglés par la forme, la taille ou la couleur, ni par de faux enseignements ni à travers le prisme de nos mémoires. Lorsque nous regardons avec des yeux qui captent des impulsions lumineuses et les transmettent au cerveau, soit la lumière artificielle d'un monde illusoire, nous regardons avec l'instrument de l'esprit faux. À présent, nous sommes invités à explorer au-delà de cette obscurité qui existe dans notre vision limitée. Qu'est-ce que nous ne voyons pas ?

> Ces yeux, faits pour ne pas voir, ne verront jamais. Car l'idée qu'ils représentent n'a pas quitté son faiseur, et c'est leur faiseur qui voit par eux. Quel était le but de son faiseur, sinon de ne pas voir ? Pour cela, les yeux du corps sont de parfaits moyens, mais pas pour voir. Vois comme les yeux du corps se posent sur l'extérieur des choses sans pouvoir aller au-delà. Regarde comme ils s'arrêtent au néant, incapables d'aller par-delà la forme jusqu'à la signification. Rien d'aussi aveuglant que la perception de la forme. Car la vue de la forme signifie que la compréhension a été obscurcie. (T-22.III.6:1–8)

Lorsque nous regardons avec la vision véritable du pardon, sans jugement, nullement affectés par la perception de quelconques différences, nous regardons avec l'esprit juste. Il nous est demandé de mettre de côté les impressions des sens nous montrant les images d'un rêve, et de choisir à leur place, la lumière de la vision véritable dans laquelle nous sommes tous fils et filles de Dieu, entiers et aimés par notre Père. Notre pratique nous demande simplement d'être vigilants par rapport à nos pensées, nos décisions, nos réactions, et nos escapades mentales délinquantes. Cette vigilance nous permet de saisir la façon dont nous avons choisi de regarder.

Parce que le coût du lâcher-prise de notre culpabilité est l'abandon de la perception fausse et limitante de soi à laquelle nous tenons avec tant de volonté et tant de loyauté. Il sera sage d'utiliser une

9. Au-delà de l'illusion

Je regarde avec Jésus

approche qui ne générera pas trop de peur ni d'anxiété inutile. La seule façon de regarder l'obscurité érigée si fortement entre nous et la vérité est de le faire avec l'aide de quelqu'un non jugeant, gentil, compréhensif, doux, et aimant, quelqu'un qui n'ajoutera pas à notre culpabilité lorsque nous ferons erreur—et comme nous nous tromperons assurément—quelqu'un qui ne souscrit pas à la folle idée, quelqu'un comme Jésus qui s'est éveillé du rêve. C'est la seule façon de regarder sans devenir obnubilé par la peur. C'est alors que nous pourrons apprécier l'avantage d'abandonner ce choix erroné, l'expérience de l'amour de Dieu et alors nous pouvons choisir de laisser nos fausses croyances.

Au début de notre voyage vers l'entièreté, il n'y a guère plus à faire que d'accepter la possibilité que nous ayons mal regardé et demander l'aide nécessaire. Ensuite, il nous faudra faire confiance ; cette assistance est présente et elle nous aidera effectivement à changer notre perception. Nos corps sont conçus pour transmettre des données perçues dans le monde de la forme et donc, notre attention est constamment préoccupée par le monde qui nous entoure, éloignée de la partie de nos esprits avec laquelle nous prenons continuellement des décisions. Dans notre expérience du monde, nous demeurons essentiellement sans esprit, et donc déconnectés du niveau d'esprit ayant le pouvoir d'opérer quelque changement que ce soit.

Le monde tel que nous le voyons n'est rien de plus qu'un champ de bataille factice que nous choisissons d'appeler notre chez-soi. C'est ce que nous voyons dans cette souffrance de la mal-perception, c'est-à-dire cette façon limitée de voir ce qui rend le monde réel. En réalité, il n'y a que l'illusion d'un champ de bataille. Comment Dieu pourrait-Il permettre que Ses enfants luttent pour leur survie dans un monde dont la seule issue est la mort ? Il ne le pourrait pas et Il ne le fait donc pas. Ce que Dieu crée vit éternellement dans l'abondance totale et dans la sécurité de l'unité parfaite. Quand Ses enfants perçoivent un champ de bataille, c'est l'expérience qu'ils ont choisi de vivre. Pendant que les enfants choisissent de garder les yeux fermés et jouent leurs rôles dans un monde fabriqué, le Royaume des Cieux demeure inchangé ; il n'est que temporairement obscurci par un monde illusoire.

> Ne vois personne du champ de bataille, car là tu le regardes de nulle part. Tu n'as aucun point de référence d'où regarder, où une signification peut être donnée à ce que tu vois. (T-23.IV.7:1-2)

Bien que nous ayons choisi de faire l'expérience de ce champ de bataille, il est inutile de s'engager dans chaque bataille qui semble nous confronter. Personne n'exige que nous soyons des héros de guerre. Il n'est pas non plus nécessaire de traverser la totalité du champ de bataille pour revenir à l'entièreté du Royaume des Cieux. Il existe un chemin beaucoup plus rapide, plus efficace et surtout moins douloureux. Jésus nous invite à nous élever au-dessus du champ de bataille. Personne au Ciel ne reçoit de médailles pour

9. Au-delà de l'illusion

avoir souffert inutilement, avoir eu mal ou avoir reçu des blessures de guerre. Bien au contraire, faire le choix de persister dans nos luttes retardera notre retour chez nous où règne une vie de paix et d'entièreté éternelles. Le fait de persister dans le choix d'une expérience illusoire signifie le déni de l'entièreté qui nous revient à tous sans exception par notre droit de naissance en tant qu'enfants de Dieu. Il s'agit surtout du refus d'accepter ce que le Père veut pour Ses enfants.

Afin d'arracher mon attention des tenailles de l'ego, j'ai trouvé utile de prendre du recul, parfois en imaginant mon esprit s'éloigner de la situation jusqu'à ce que je me sente suffisamment au-dessus du conflit pour enfin le voir clairement. Lorsque nous nous élevons ainsi au-dessus du champ de bataille, nous entrons en contact avec notre pur esprit ; nous ne sommes plus égarés dans l'obscurité du monde des formes et nous sommes plus à l'abri des interprétations de l'ego. Ce nouveau point de vue permet de regarder chaque situation sans la juger, sans en avoir peur ou devenir anxieux, car nous en apercevons les aspects illusoires. À partir d'une perspective pareille, nous comprenons que tous nos frères possèdent la même habileté à s'élever au-dessus du champ de bataille pour entrer en contact avec la partie entière et sécuritaire de leur esprit là, où nous ne faisons plus qu'un. À présent, nous ne verrons plus que des expressions d'amour ou des appels à l'amour.

Dans l'expérience du conflit, quelle qu'en soit la nature, nous ne sommes, en réalité, qu'en conflit avec nous-mêmes. La lutte se joue entre notre soi d'une part, petit et séparé, celui auquel nous nous identifions, celui que nous apercevons tous les jours en nous regardant dans le miroir et, d'autre part, le Soi qui fait partie du tout, le Soi qui ne connaît que l'amour. Alors que nous continuerons la bataille un peu, il sera utile de se demander : dans quel but ? Il n'y a pas de champ de bataille ni même de combat. Il y a l'attachement à la culpabilité ressentie à vouloir demeurer séparé du Père, ce qui provoque la nécessité de fabriquer un champ de bataille pour projeter cette culpabilité.

Bien que la persistance à voir nos situations comme des conflits puisse nous fournir une excellente compréhension de la vie dans un monde rempli de luttes constantes, une telle perspective ne nous mènera pas à notre véritable demeure. Cela signifie que tant et aussi longtemps que nous continuerons à porter notre regard sur la forme, sur les différences, sur les tonalités, les couleurs, les tailles et les diverses conditions de vie, nous ne pourrons effectivement pas voir la réalité. Nous sommes aveuglés par les formes d'un champ de bataille illusoire. La vision par le pur esprit requiert un changement de perspective, et la seule perspective valable sera accessible en s'élevant au-dessus du monde des formes dans lequel nous semblons vivre, devenu curieux de faire l'expérience de la vérité logée au-delà de l'illusion, le Royaume des Cieux qui est ici, maintenant.

De l'obscurité vers la lumière

Chaque jour, nous nous préparons et nous nous habillons en vue des rôles requis par les diverses activités auxquelles nous prenons part. Certains vêtements et accessoires dans nos placards sont appropriés pour le travail, d'autres se portent mieux en soirée. Il est fort probable que nous ne laverons pas nos automobiles, vêtus d'un costume griffé ou que nous chausserons des chaussures à talons aiguilles pour une randonnée en montagne. Chaque fois que nous choisissons une tenue, nous savons dans quel but nous le faisons. Nous procédons à une sorte de mise en scène de manière à obtenir certains effets selon l'occasion. Nous vérifions notre apparence en quittant la maison afin de constater si c'est réussi. Il est possible que nous ajustions un col, que nous aplanissions les plis d'un pantalon ou d'une jupe, le rebord d'une manche. Le miroir nous révèle ce que nous cherchons à savoir.

Tout ce qui se trouve dans l'univers agit de la même manière : en miroir géant. Cependant, ce miroir nous reflète uniquement ce que nous croyons réel à propos de nous-mêmes, au plus profond de nos inconscients. Ce miroir demeure avec nous en tout temps et son rôle

9. Au-delà de l'illusion

est de nous fournir des informations précieuses quant à notre souhait le plus intime : la véritable cause de notre expérience sur cette terre—notre décision d'être séparés, ou d'être entiers. Par ailleurs, ce que nous refusons de voir, soit nos péchés et nos peurs secrètes, a besoin d'être projeté hors de nous et dès lors, nous recherchons activement et inconsciemment des miroirs adéquats pour le faire. Quand nous projetons nos péchés secrets et nos peurs dissimulées sur nos frères, nous croyons préserver notre innocence et nous repoussons également l'amour de Dieu. C'est le sport favori de l'ego.

On nous enseigne maintenant comment réveiller la partie de l'esprit résidant au-delà du cerveau dont le rôle est de gérer les données perceptuelles ; la partie de nos esprits qui sait que rien ne peut faire de mal à ce qui est entier. Cette perspective nouvelle permet de voir que tout ce qui n'est pas amour ou appel à l'amour signifie le rejet de l'amour. Quand nous voyons autre chose que l'entièreté, nous avons choisi de voir ainsi, nous avons choisi avec l'esprit faux.

En nous plaçant au-dessus du champ de bataille, nous constaterons qu'aucune lutte n'en vaut la peine, qu'il n'y a aucune justification à aucun conflit dans le monde. Nous verrons notre propre appel à l'amour projeté dans le monde en conflit ; nous verrons également notre peur bleue d'accepter véritablement l'amour que nous recherchons, car son acceptation signifierait accepter notre unité et nier la séparation. D'en haut du champ de bataille, en regardant avec Jésus, nous verrons que nous ne sommes jamais contrariés pour les raisons imaginées ; nous pouvons toujours choisir la paix à la place. Nos frères ne font, après tout, qu'exprimer l'amour, ou l'appel à l'amour.

Quand nous nous entraînons à la vigilance de nos perceptions, nous apprenons à reconnaître le système de pensée choisi pour vivre une situation ou une relation. Une manière toute simple de reconnaître le choix est le résultat : si nous sommes en paix, il y a de bonnes chances que nous ayons choisi avec l'esprit juste ; sinon, nous savons à quoi nous en tenir. Beaucoup de spiritualités enseignent des processus pour regarder et devenir observateur, mais le Cours, contrairement à celles-ci, ne demande ni de changer nos pensées, ni de modifier nos comportements ou de faire pénitence pour nos erreurs passées. La vigilance n'exige pas l'analyse compliquée des événements et des situations du monde qui nous entoure, ni celle de nos esprits ou de nos vies. Il nous est simplement demandé d'observer et d'acquiescer à ce que nous voyons comme étant ce que nous choisissons de témoigner et qu'il est difficile de regarder. Nous sommes invités à le faire, aidés d'un enseignant aimable qui ne nous juge pas : l'Esprit Saint ou Jésus.

Une telle manière de voir exige franchement passablement, non plutôt énormément de bonne foi pour regarder avec honnêteté. Pourquoi devons-nous découvrir nos zones d'obscurité ? Nos peurs ? Notre haine et nos jugements ? Si nous les recouvrons de belles pensées envers nous-mêmes et que nous nous cachons

9. Au-delà de l'illusion

derrière un visage d'apparence joyeuse, comment saurons-nous reconnaître les ténèbres qui cachent la pleine lumière de notre vraie nature ? Ensuite, soyons reconnaissants envers toutes circonstances révélant l'obscurité, car, si nous ne la voyons pas, il ne nous sera jamais possible de constater son existence. Ce ne sera donc qu'en voyant l'obscurité sans jugement et sans peur que nous nous frayerons un passage au travers du mur apparemment solide du péché, de la culpabilité et de la peur et que nous en reconnaîtrons l'irréalité. Nous commençons maintenant à éveiller cette partie de notre esprit, au-delà du cerveau, qui gère les données perceptuelles, là où réside le pouvoir de choisir.

Être dans l'esprit juste signifie savoir sans le moindre doute que la séparation n'a jamais été possible et qu'elle n'a jamais eu lieu. C'est également faire l'expérience du calme et de la paix sachant que les enfants de Dieu n'ont jamais quitté le Royaume des Cieux. Penser avec l'esprit juste nous montre qu'il n'y a aucune erreur, aucun péché, aucune culpabilité, ni besoin de craindre la punition ; c'est laisser passer tous les symboles et les représentations de la séparation que sont l'unicité, la haine, la rage, la défensive et l'attaque.

Un esprit juste ne peut être attaqué, blessé ou dérangé de quelque façon que ce soit. Dans l'esprit juste, il est incapable de jugement ; libéré ainsi de la pulsion de juger, l'esprit juste est en paix. Puisque la paix est la condition pour entrer au Royaume, être dans l'esprit juste devient la condition pour y retourner. Vivre dans l'esprit juste signifie vivre dans l'entièreté, en sécurité et dans la joie parce que nous nous savons unis, invulnérables, aimés tels que Dieu nous a créés. Il n'y a ni peur, ni besoin, ni anxiété, ni urgence ; il n'y a que l'amour, la sécurité, et la paix.

À force de s'exercer à vivre ainsi, le mur qui semble bloquer la lumière de la vérité perd sa solidité et s'effrite. Il s'agit bel et bien d'une pratique ; elle requiert que nous choisissions en pleine conscience, assidus dans l'observation du processus. Ce que nous voyons par les yeux du corps importe peu ; il s'agit plutôt de regarder avec notre esprit et capter ce que nous en faisons. En d'autres mots, c'est notre interprétation qui importe. Notre façon de regarder détermine notre interprétation. En regardant avec l'esprit juste, au-dessus du champ de bataille, d'où le jugement est même inconcevable, d'où réside le souvenir de notre unité véritable, nous verrons la vérité.

La noirceur n'est pas vraie. Elle n'est vraie que pour ceux d'entre nous qui craignent la lumière. La noirceur est un état choisi. Si nous ne connaissons pas la lumière, ou que nous ne nous souvenons pas de notre illumination, c'est que nous ne voulons pas la connaître en ce moment. Chacun prend le temps qu'il lui faut pour retrouver le souvenir de l'illumination et ce temps est sans importance, car il est irréel. Nous pouvons faire un choix différent n'importe quand, mais d'abord, il nous faudra clairement reconnaître que nous avons toujours le pouvoir de choisir, et notre choix est, en tout temps, ce qui détermine notre expérience.

10. L'ESPRIT TRANQUILLE

> La connaissance n'est pas ce qui motive à apprendre ce cours. C'est la paix. C'est le préalable de la connaissance uniquement parce que ceux qui sont en conflit ne sont pas en paix, et la paix est la condition de la connaissance parce que c'est la condition du Royaume. (T-8.I.1:1–3)

L'importance de la paix

Le but du Cours en miracles est la paix. Ce n'est ni l'amour, ni la paix sur terre, ni une fuite devant les aléas de la vie, ni l'éradication de la souffrance, ni la guérison, ni l'abondance pour tous, ni le succès professionnel et d'affaires, ni une terre plus verte. Le but du Cours est tout simplement la paix. C'est bien, la paix, nous disons-nous. Je désire la paix. La plupart des gens que nous croisons diront désirer la paix. Cependant, nos expériences étant le résultat de nos choix, si nous désirions véritablement la paix, nous l'aurions. Il est évident que si nous ne sommes pas en paix, c'est que nous ne l'avons pas choisi, prouvant que nous préférons faire l'expérience d'autres états à la place. Finalement, nous avons l'expérience que nous avons désirée.

Pour les personnes qui privilégient l'atteinte de but précis, pour qui le succès professionnel, une relation particulière, l'argent, le pouvoir et la reconnaissance sont toujours importants, cela pourrait sembler difficile de réconcilier le but du Cours, qui n'est pas du tout matériel, avec ces objectifs matériels. Il y aura probablement une remise en question des valeurs, et vouloir maintenir ses valeurs pourrait générer des sentiments de conflit ou de confusion. D'où la raison pour laquelle une spiritualité comme *Un cours en miracles* convient mieux aux personnes avec un certain vécu, au bout du rouleau dans leurs ambitions dans ce monde, et prêtes à explorer quelque chose de nouveau.

La paix de Dieu n'est pas la paix apparente, celle qui survient lorsqu'on remporte une dispute, en ayant gain de cause, ou en faisant une acquisition quelconque. Il s'agit dans ces cas de la satisfaction de l'ego, car il y a moi et un autre ; quelqu'un gagne et quelqu'un perd. Quand tout se passe rondement, lorsque ça roule, quand nos vies sont relativement sans conflit, souvent, c'est que nous sommes en congé temporaire d'un fardeau, celui de maintenir intacte et intouchable notre croyance dans notre séparation de l'unité parfaite. En nous lançant ainsi des miettes, l'ego prend soin de nous. Ajoutez un conflit mineur, une belle journée gâché par un orage, pire encore, le bris du disque dur de votre ordinateur, et observez la rapidité avec laquelle la paix s'envole. Ceci signifie que la paix basée sur les occurrences du monde matériel demeurera toujours relative, volatile et illusoire. Si elle n'est pas constante et immuable, ce n'est pas la paix de Dieu.

Pourquoi la paix est-elle si importante ? Elle l'est pour les personnes qui ont conclu, ou même juste ressenti que ce monde ne peut pas être notre demeure véritable, qu'il doit y avoir quelque chose d'autre. La paix durable n'est pas de ce monde, une leçon qui aura été apprise à l'école de la vie. La paix est importante pour les personnes qui désirent avant tout rentrer au Ciel, car elle est une condition du Royaume. N'entrera au Ciel que l'esprit sans résidu de conflit, le conflit ne pouvant pas pénétrer dans le Royaume. Tant qu'il restera une tache d'obscurité, le plus infime soupçon de culpabilité, de honte, de ressentiment ou de peur, il est impossible d'entrer au Royaume. L'obscurité, le conflit, le manque de paix sont reflétés dans les choix quotidiens, perceptibles dans la façon dont nous voyons nos frères, d'où la nécessité de demeurer vigilants de nos pensées, occupés par les activités du monde.

La paix est le résultat de choix posés avec le Saint-Esprit et le conflit est le résultat de choix posés avec l'ego. La paix ne provient

10. L'esprit tranquille

pas de ce qui survient en dehors de l'esprit, dans le monde. Désirer la paix de Dieu et autre chose simultanément équivaut à être en conflit. Aucune paix en vue ; vouloir autre chose que la paix c'est croire au manque ou bien à la pénurie. Sans exception, mes clients disent vouloir la paix. Lorsque nous explorons les situations difficiles pour lesquelles ils cherchent une résolution –et la paix—, il apparaît très nettement que cette paix souhaitée est sujette à des conditions. « Si seulement il arrêtait de râler ; si seulement on accordait de la valeur à mon opinion de temps en temps ; si seulement ils faisaient leurs chambres ; si seulement mon patron n'était pas aussi stupide ; si seulement l'économie se portait mieux ; si seulement il y avait de meilleures écoles ; si seulement mon candidat était élu ; si seulement... si seulement... je serais enfin en paix ». Affublée d'autant de conditions, la paix demeurera introuvable. Si notre état de paix reposait sur l'extérieur, aucun espoir ne serait possible, car notre perception de l'extérieur reflète notre croyance de ce qu'est la vérité dans nos esprits. La paix doit alors provenir de l'intérieur ; c'est une décision qui ne peut être prise que par nous, dans l'intimité de nos esprits.

Il est possible que vous ayez réussi à gérer votre vie et atteint une existence paisible ; il s'agit, en réalité, d'un choix de style de vie. Peut-être, comme moi, vous avez une aversion innée envers toute forme de conflit extériorisé. Puisque l'ego dirige jusqu'à ce que nous lui signifiions son congé en tant que « patron » de notre esprit, le conflit sera refoulé vers l'intérieur, générant des maux émotifs, mentaux ou physiques. Exister en tant qu'individu à part entière, coupé de notre Source, n'est pas naturel et doit produire des conflits à un certain niveau. Parce que je suis de nature introspective, j'ai pu reconnaître assez rapidement ce qui me provoquait ; je me « retirais » ensuite au-dessus de la scène et je consultais mon Enseignant attitré pour choisir la paix aussi vite que possible. Les grandes questions furent bientôt mises à jour et réglées.

Les petites choses m'ont surprise surtout. Ayant tendance à voir le grand contexte plutôt que les détails, les petits dérangements de tous les jours m'échappaient. Comme la poubelle au bout du comptoir qui entravait mon passage lorsque j'arrivais en vitesse pour préparer mon thé, nourrir mon chat, ou déjeuner avant l'heure d'une consultation. Ces petits détails me faisaient courir machinalement, me faisant jurer et, en fin de compte, effaçaient ma sainte paix. Au fur et à mesure que je me familiarisais avec les chasse-paix dans ma vie, je me faisais un point d'honneur de m'en éloigner avant de déraper. Ce ne fut pas long avant que ce genre d'événements me fasse sourire. Cela était si insignifiant et ne valait certainement pas la perte, même momentanée, de ma paix. Cette vigilance, maintenant portée sur les petites choses, m'a fait davantage estimer le choix de la paix, un choix sain. Plus de paix, moins d'ego !

Dans la paix il y a seulement l'entièreté ; il ne saurait être question d'avoir besoin d'autre chose. Qui plus est, la paix étant notre condition naturelle, elle doit s'atteindre sans le moindre effort. L'arme de choix est sans contredit la paix pour les personnes qui souhaitent défaire l'ego et atteindre la vérité. La paix est à l'ego ce que la « kryptonite » est à Superman. En choisissant la paix, l'esprit demeure clair et réceptif pour capter l'inspiration et l'enseignement. Le bien-être grandissant, éprouvé à ressentir davantage l'état de paix, nous donne envie de choisir plus souvent la paix. Ainsi, la paix devenue la condition « normale », le pouvoir de l'ego s'estompe et nous nous retrouvons animés par des pensées venant de l'esprit juste.

Merci pour l'invitation, mais… non merci !

Cela dépend du point de vue ! Combien de fois répétons-nous ces paroles lorsqu'il faut trancher une question ? Que veulent dire ces mots, exactement ? « Regarder » ne signifie-t-il pas simplement regarder ? Tout le monde ne voit-il pas la même chose en regardant la même chose ? Pourquoi est-ce difficile de nous mettre d'accord lorsque nous nous retrouvons dans des circonstances communes ? Lorsque nous voyons avec les yeux du corps, notre cerveau associera

10. L'esprit tranquille

l'image perçue avec une autre image tirée de notre passé et nous interpréterons. Le passé de chacun est unique comme l'est la somme des expériences et des savoirs individuels. Par conséquent, l'interprétation de chacun sera unique. Un pont, par exemple, peut faire survenir des frissons d'aventure s'il est associé à des vacances familiales avec maman et papa, sœurette, frérot, et Loufoque le toutou de la famille ; le pont suscitera toute autre chose chez la jeune femme dont le copain a sauté du vieux pont abandonné aux abords du village.

La totalité de nos perceptions est teintée par le filtre de nos expériences antécédentes ce qui ne nous incite pas à voir autrement. L'ego utilise ceci pour nous maintenir ancrés dans la croyance que quelque chose à l'extérieur de nous peut être responsable de nos joies, de notre bonheur, de nos chagrins ou de nos anxiétés. Sans passé, un pont n'est qu'une structure qui enjambe un cours d'eau. Libérée du passé, chaque expérience est nouvelle. Un esprit en paix est plus susceptible de voir une situation dans sa réalité, sans la référer à une situation similaire ni être trompé par les interprétations de l'ego. Un esprit en paix est plus apte à intervenir en réponse à un vrai besoin. Le plus souvent, il s'agit d'un appel à l'amour.

> La voie de l'ego n'est pas la mienne, mais ce n'est pas la tienne non plus. Le Saint-Esprit a une seule direction pour tous les esprits, et celle qu'Il m'a enseignée est la tienne. Ne laissons pas les illusions nous faire perdre de vue Sa direction, car seules les illusions d'une autre direction peuvent obscurcir celle pour laquelle parle en nous tous la Voix de Dieu. N'accorde jamais à l'ego le pouvoir d'interférer avec le voyage. (T-8.V.6:1-4)

L'ego est constamment à la recherche de moyens innovateurs pour dévier notre attention, car sa survie dépend de l'attention qu'on lui porte. Quand nous l'ignorons, l'ego semble ne pas exister ; plus précisément, il n'a plus le pouvoir qu'il semblait détenir, et nous nous rendons compte qu'en lui donnant notre attention, nous lui offrons le pouvoir. *Il ne faut surtout pas laisser savoir à l'ego que nous avons compris son subterfuge ; nous risquerions alors qu'il se*

révolte, rapidement ! Pour retenir notre attention, il nous envoie sans arrêt toutes sortes d'invitations. Pour que nous consentions à accepter ses invitations, l'ego aura fait une recherche exhaustive de ce qui nous fait réagir, nos faiblesses, nos insécurités et nos peurs. Ses invitations sont donc ciblées et les refuser est quasi impossible.

Maître des ventes et du marketing, l'ego sait conclure une bonne vente, profitant, avec grande habileté, de nos dépendances et nos faiblesses. Il promettra la joie et la satisfaction d'avoir raison, d'obtenir quelque chose d'un frère, de gagner une bataille. Il promettra que nous nous sentirons très particuliers, aimés, que nous ne nous sentirons plus seuls et délaissés, que nous pourrons oublier nos douleurs et nos doléances pour un temps. Il tirera une énorme satisfaction chaque fois qu'il nous surprendra à projeter le péché, la culpabilité ou la peur sur quelqu'un ou quelque chose. Avoir raison et pointer quelqu'un du doigt pour un mal commis représente le gros lot pour l'ego !

Les invitations que nous lance l'ego sont variées ; certaines sont impossibles à refuser. Le discours habituel accusera un frère. En regardant, nous constatons que ce frère a pris notre place dans une

10. L'ESPRIT TRANQUILLE

queue pour obtenir le café du matin. Ici, comme en tout moment, nous n'avons que deux choix : nous pourrons décider de nous élever au-dessus du scénario, de voir que notre frère est entier, créé par Dieu, mais momentanément ignorant de sa vérité ; nous aurons peut-être l'intuition qu'il est en route pour l'hôpital, pris par une autre urgence, et qu'il a été trop gêné pour demander la permission de couper la ligne. Il aurait pu être distrait ou ignorant de certains codes sociaux. Peu importe les circonstances, nous sommes libres de choisir de garder la paix, ou non ; notre frère demeure toujours innocent.

Ou, nous avons un autre choix… L'ego, lui aussi, demeure vigilant, sa survie parasitaire exige qu'il capte toutes les occasions de nous détrôner de notre sérénité ; il fournira donc une autre interprétation de la situation. L'ego nous invitera à voir notre frère avec irritation, à le juger incompétent et impoli. Ces justifications fournissent l'opportunité d'oublier cette paix qui grandit en nous et d'opter alors pour le conflit. *Défends ta place dans la queue ; tu es arrivé le premier ; allez, défends-toi ; que vont penser les gens ? Tu vas arriver au travail en retard à cause de la grossièreté de ce type.* L'indignation est moussée, ça chauffe sous le col ; ce sont les signes que nous avons accepté l'invitation de l'ego à percevoir notre frère tel qu'il n'est pas, le voir comme étant la cause de notre drame intérieur, alors que tout au long de l'échange, c'était à nous de choisir de garder la paix ou de nous laisser embobiner. Ce n'est pas parce qu'un frère a fait quelque chose, c'est parce que nous avons accepté l'invitation de l'ego si nous sommes dérangés. Ce type de dérapage vers le mécontentement signifie que nous ne sommes plus en paix ; repartis sur pilote automatique en compagnie de l'ego pour une autre nouvelle journée!

Jour et nuit, nous sommes bombardés par les invitations pernicieuses de l'ego. En nous retrouvant fâchés, impatients, vindicatifs, apeurés et sur la défensive, c'est qu'en réalité, nous ressentons une forme de dérangement, de manque de paix, et nous avons accepté une des invitations de l'ego. Au cœur d'une situation devenue émotive, il est fréquent de penser avoir échoué—encore une fois. Nous aurons l'impression de ne pouvoir revenir vers notre esprit juste ; alors, non seulement avons-nous perdu la paix, nous sommes déçus et coupables d'avoir échoué dans notre poursuite spirituelle. Faux. L'idée de l'échec est une miette lancée par l'ego pour convaincre que nous sommes plus amoindris qu'en réalité : nous sommes fils et filles de Dieu, entiers, tels que Dieu nous a créés. Notez bien qu'en observant ainsi nos systèmes de pensées, nous sommes d'ores et déjà dans l'esprit juste et nous n'avons nullement échoué.

Et s'il nous arrive de nous accrocher à une seule petite pensée indésirable, nous n'avons qu'à dire : ça suffit ! Rien ne dit que nous allons réussir la première fois ni la dixième ni la centième. Si c'était le cas, nous n'aurions pas besoin d'étudier le grand livre bleu. On nous demande d'essayer jusqu'à ce que nous y arrivions. Aux prises avec des pensées de colère, d'impatience ou d'échec, nous avons intérêt à nous rappeler que ce ne sont que des pensées. Nous n'avons qu'à affirmer, avec autorité, à haute voix si nécessaire, et avec conviction : « Je ne veux plus cette pensée de colère, de ressentiment, de peur, d'impatience. Ça suffit »! Ensuite, nous passons à une autre activité ; nous buvons un verre d'eau fraîche, nous sortons faire un tour, nous dansons autour des meubles jusqu'à la dissolution complète de la pensée dérangeante. Tiens, mangeons donc un biscuit…

Les pensées sont des habitudes et les habitudes peuvent être changées. Si une pensée non sainte me harcèle et menace la paix du moment, je la capte immédiatement et je lance « bon, ça suffit » ! J'ajoute ensuite : « Je suis patronne de cet esprit-ci ; j'ai le pouvoir de décider l'enseignant à suivre ». Si, j'ai choisi avec l'esprit faux par le passé, je peux facilement choisir avec l'esprit juste maintenant. En éteignant la pensée indésirable, je diminue le pouvoir de l'esprit faux à déterminer mon expérience. Je crée et je renforce une nouvelle habitude : oui à la justesse d'esprit ; oui à la paix ; oui à l'entièreté ; oui à l'amour.

10. L'esprit tranquille

La nature de l'esprit

Nous sommes tous, sans exception, une pensée dans l'Esprit de Dieu. L'Esprit de Dieu est purement créateur. Ce qui provient de l'Esprit de Dieu est comme Dieu : entier, parfait et créateur. En décidant un jour de sortir nous amuser tout seuls, séparés et indépendants de Lui, nous avons abandonné notre véritable nature d'entièreté, de perfection et de créativité. L'esprit qui veut se croire séparé de l'Esprit de Dieu ne possède aucun pouvoir véritable. En faisant semblant d'être séparé, il nous est impossible de nous brancher sur l'énergie créatrice de l'Esprit de Dieu. Il nous reste alors seulement le pouvoir non-créateur de l'imagination. Comme esprits séparés, indépendants, nous n'arrivons qu'à imaginer ce qui pourrait être. Sous la direction de l'ego, nous ne pouvons qu'imaginer des faussetés. Il nous est impossible de véritablement créer. L'imagination ne possède aucune force vitale ; il ne s'agit, en fait, que de créativité factice. Même quand notre monde rêvé semble merveilleux, son expression la plus exaltée n'a rien de comparable à la gloire de la véritable création de Dieu.

L'esprit séparé est comme une branche tordue et fêlée qui ne reçoit plus assez de sève de son arbre-parent. Cette branche cassée doit s'accrocher pour survivre ; sans le flux de la force vitale de l'arbre, la branche se dégradera et se flétrira. En la redressant pour la panser, là où elle se détache, elle aurait des chances de reprendre le courant de sève et de se réparer. Une fois remise, la branche reprendrait son existence comme partie intégrale de l'arbre. La branche n'est plus une entité à part luttant pour son droit d'exister ; elle fait à nouveau partie d'un tout vivant.

Dormir et rêver signifient que nous croyons possible d'exister en dehors du flux de la vie ; c'est croire qu'être en torsion, c'est normal. Nous regardons du point de vue de l'esprit qui croit dans la séparation. Dès lors, notre perception subit une distorsion. Nous ne voyons plus que ce qui est tordu ; nous nous percevons comme un corps unique, à part entière. Nous apercevons d'autres corps, séparés aussi de leur Source. Notre esprit ne peut plus percevoir l'entièreté. Pour ramener nos esprits à la perception juste, nous devons reculer là où l'esprit a subi cette rupture qui lui a fait croire en la survie dans l'état séparé. À force d'affiner la perception juste, les forces vitales qui constituent notre véritable héritage se remettent à couler librement en nous. Nous vivons alors des vies remplies, éternelles, et créatrices. C'est le début de la guérison ; c'est le début de l'éveil ; c'est le début de notre retour à l'état d'Être éternel.

Les scénarios frénétiques de l'esprit séparé ne sont ni plus ni moins qu'une tentative enfantine et inefficace de reproduire la capacité créatrice du véritable Esprit alors que nous en faisons partie intégrale. Essayer de contrôler et d'arrêter nos fabrications imaginaires équivaudrait à tenter d'arrêter, à mains nues, le flot d'une borne-fontaine qui aurait sauté. Il faut éteindre l'eau à sa source, réparer la fuite et ensuite nous pouvons nous approvisionner en eau selon le besoin.

Il en sera de même en voulant contrôler ou taire le bruit dans nos esprits ; il nous faudra d'abord rebrousser chemin et retrouver la paix intérieure, celle d'avant le choix de séparation. Il s'agit du moment dans lequel nous avons choisi de nous projeter comme des entités autonomes, séparées les unes des autres, pensant pouvoir fonctionner en marge de notre Source. Ce retour à l'espace immuable de calme en nous requiert un lâcher-prise des faux pouvoirs de création ; nous admettons ne pas être le metteur en scène du rêve et nous savons désormais que, endormis, nos esprits ne peuvent qu'imaginer des rêves vides de sens. Sans le sentiment profond qu'un état meilleur est à notre portée, nous craindrons de laisser nos fabrications derrière nous. D'où le besoin d'une méthode douce et progressive.

Un esprit qui n'est pas calme est incapable de pensées justes. Lorsque nous n'arrivons pas à tranquilliser l'esprit, il peut être utile de se demander : pourquoi ai-je besoin d'un esprit si bruyant ? Il est possible que je ne désire pas connaître mon esprit juste. Et je sais pertinemment que ne pas désirer opérer à partir de mon esprit

10. L'ESPRIT TRANQUILLE

juste, c'est protéger les intérêts de l'ego. L'esprit tranquille menace la survie de l'ego. L'apaisement de l'esprit sera facilité par notre compréhension de ce choix et par notre désir d'accéder à la sagesse de l'esprit juste.

Les situations qui nous plongent dans l'incertitude ou l'indécision nous indiquent que nous tentons de gérer tout ça nous-mêmes, sans nous laisser guider. Le soutien d'un guide est accessible lorsque l'esprit se calme. Notre volonté et notre indépendance doivent laisser cours à l'acceptation, à l'abandon et aussi à la certitude que notre demande de guidance sera exaucée. C'est à ce prix seulement que nous sommes guidés. Ainsi, à tenter de prendre une situation en mains propres, nous faisons route avec l'ego et nous sommes assujettis à la peur. La véritable guidance surviendra quand nous abandonnerons la prétention d'autogouvernance, d'autonomie et d'indépendance de notre Source.

Il ne peut y avoir de sens à penser en dehors du Père. C'est pourtant la cause du problème de la séparation ; il n'en résulte que chagrin, peine, douleur et incomplétude. La pensée indépendante est insensée, ou « non-sensée », comme indiqué dans le Cours. Elle n'est pas saine, car elle n'est pas entière. Elle ne sert pas le bien commun et ne peut donc pas servir le nôtre. La pensée indépendante mène à l'indécision, au conflit, à l'incertitude, à la peur et au manque de satisfaction parce qu'elle n'est pas supportée par ce qui est vrai, entier et naturel. Prendre la décision d'abandonner la pensée indépendante est le premier pas vers la santé d'esprit. Permettre à la Volonté du Père de remplacer la pensée indépendante nous relance dans le flux de la création. C'est là que réside le véritable pouvoir. La pensée indépendante n'a aucune puissance. La seule fonction de la pensée indépendante est de nous empêcher de voir la vérité.

L'Esprit de Dieu est l'unique Source de la vie, de l'amour et de la créativité. Tant et aussi longtemps que nous ne remettons pas notre intellect au Saint-Esprit, il servira d'abord l'ego et la pensée indépendante. L'Esprit de Dieu ne contient aucune pensée indépendante. Afin de s'imprégner de l'expression de Dieu, nous devons abandonner notre foi absolue dans la pensée indépendante. C'est l'absence de foi. Toute liberté provient de l'abandon de la pensée indépendante. Inversement, toute joie provient de l'ouverture à l'expression de Dieu.

En comprenant l'ultime nécessité d'abandonner ma volonté personnelle et ma pensée indépendante, j'ai paniqué. Cela allait être un changement de perception effroyable pour mon esprit et l'ego, son fidèle compagnon, mais j'étais déterminée à y arriver. J'ai éteint le commutateur de l'ego et poursuivi ma route. Qu'avais-je à perdre ? Mon volontarisme ? Un esprit hyperactif, trop indépendant et trop analytique ? Aussi effrayant que cela paraissait, je savais bien que seul mon ego pouvait ressentir la peur et je pressentais que l'abandon de ma sacro-sainte indépendance s'avérerait amusant ; ces pensées ont amené un profond sentiment de soulagement. Si j'abandonnais ma volonté indépendante et que je demandais à la place, Père, quelle est Ta Volonté ? Je n'aurais plus besoin de lutter autant devant les décisions continuelles et compliquées de ce monde. Je serais plus paisible et libre. La question s'est clarifiée par un message matinal.

« Quand tu te retrouves en état d'indécision, que tu jongles avec deux ou trois options, tu es dans ton esprit individuel séparé et tu utilises ta volonté propre. Le problème n'est pas dans le choix entre plusieurs options. Non. Le vrai problème est ton attachement à ta volonté indépendante, te croyant capable de décider indépendamment de la Volonté du Père. Quand tu abandonnes ta volonté indépendante, tu te permets d'être guidé par un savoir supérieur à ta volonté individuelle. La volonté individuelle sert l'individu, donc, l'ego. Se laisser guider sert le bien commun. »

Nos esprits mijotent et émettent continuellement toutes sortes d'idées. Comment reconnaître une idée provenant de l'esprit faux d'une autre qui provient de l'esprit juste ? Toute pensée liée à des attentes quant aux effets de nos interventions dans le monde provient de l'esprit faux ; si nous les croyons capables de nous procurer joie, entièreté et satisfaction, nous sommes dans l'esprit faux. Les pensées en dehors de l'esprit juste proviennent de cette croyance que le monde possède des « valeurs », et que nos actions dans le monde sont importantes pour les obtenir. Les pensées fausses reflètent la conviction qu'il existe des différences et des hiérarchies dans l'illusion, et elles nous mènent à juger. Les pensées fausses protègent l'illusion de la séparation et ne conduisent jamais à la paix durable.

Une pensée juste n'est pas rattachée à l'attente d'une joie quelconque de ce monde. La joie véritable s'atteint en sachant que rien de ce monde ne peut contourner, ni se substituer à l'amour, à la joie et la paix de Dieu. Les pensées de l'esprit juste ont leur source dans la paix et l'entièreté, elles sont exemptes de jugement et inclusives de nature, alors elles ne peuvent qu'inspirer la bienveillance et la gentillesse. La meilleure façon d'observer le fonctionnement de notre esprit, c'est par la vigilance apportée à nos pensées ; du réveil au coucher.

Entreprendre une pratique de méditation

Étant créés égaux par le même Père, les mêmes propriétés sont conférées à tous nos esprits ; ainsi nous avons la possibilité d'éveiller notre véritable réalité créatrice, ou continuer à vivre endormis dans un monde imaginaire. Une personne n'est pas plus douée qu'une autre lorsqu'il s'agit de contrôler son esprit. La capacité à contrôler l'esprit dépens pour chacun de l'enseignant. Le bruit qui augmente parfois dans l'esprit de ceux qui cherchent est l'expression de la peur, tapie en nous. C'est déjà un grand progrès d'identifier la cause de ce bruit et il y a matière à célébrer.

« Comment puis-je trouver dans mon esprit ce calme fondamental alors qu'il est constamment occupé ? J'ai pratiqué plusieurs méthodes de méditation, aucune ne semble fonctionner. Je ne sais pas comment taire ma pensée. Plus j'essaie, plus le bruit et sa fréquence augmentent. Je ne réussirai jamais à contrôler mon esprit. Je ne me réveillerai jamais du rêve. » Voilà des questions et des commentaires exprimés par plusieurs personnes. Une meilleure question serait à quoi sert tout ce bruit? Le monde, y compris nos corps et nos cerveaux traitent chaque jour des milliers de données perceptuelles, il est conçu pour nous distraire et nous garder éloignés de ce calme intérieur où réside notre pouvoir véritable.

L'ego n'a aucun intérêt à bâillonner le singe agile dans la jungle démente de nos esprits séparés. Il est plus facile pour un esprit tranquille d'être introspectif, et c'est dans le calme qu'il sera guidé. La vérité s'entend avec un esprit tranquille. L'ego est menacé par la guidance intérieure et il sort le grand jeu pour écraser toute concurrence. Pour débuter en douceur, il serait bien d'observer tout simplement nos esprits, le papotage, le bruit et le reste. Nous pouvons ainsi observer la crise de l'ego en prenant soin de préserver notre paix. Contrer l'ego ou essayer de faire taire ses éclats revient à lui accorder du pouvoir. C'est quand nous arrivons à ne pas le prendre au sérieux qu'il entame sa dissolution.

Une de mes clientes était troublée parce qu'elle n'arrivait pas à se défaire de pensées reliées à des événements traumatiques de son enfance. Elle s'était sincèrement engagée dans son cheminement spirituel, pratiquant le yoga intensif, le Zen et la méditation, mais elle n'arrivait pas à calmer son esprit. Enfin, elle s'est écriée « mais je suis mon ego » ! Et voilà sa réponse : elle ne taisait pas son esprit parce qu'elle avait accepté l'invitation de l'ego à croire que nous sommes « l'ego », ce qui est faux! En s'identifiant à son ego, elle ne pouvait d'aucune façon se voir autrement, et réaliser son plein pouvoir de choisir entre l'esprit faux et l'esprit juste. Elle choisissait actuellement de croire le mensonge de l'ego. Cela a été une percée importante dans sa connaissance d'elle-même, et dans sa démarche spirituelle.

Se laisser perturber alors que nous n'arrivons pas à calmer nos esprits revient à se fâcher à cause de la branche tordue, détachée de l'arbre qui perd ses feuilles et sa vitalité. Quand nous nous battons avec les pensées générées par nos esprits égarés, blessés et tordus, l'esprit est mal guidé, sa perception est erronée et il est impossible de trouver la paix. Par ailleurs, le fait d'accorder beaucoup

10. L'esprit tranquille

d'importance aux pensées seules, cela revient à leur donner une validité qu'elles ne possèdent pas. Par conséquent, la paix étant une condition d'accès au Royaume des Cieux, un esprit belliqueux ne nous y rapprochera pas.

Pour mieux saisir à quel point vous craignez la tranquillité, essayez cet exercice. Choisissez une soirée où vous n'avez aucune obligation pour trois bonnes heures, disons un vendredi soir. Éteignez toutes les sources de distraction possible : ordinateur, cellulaire, télévision. Ne publiez pas vos intentions sur les médias sociaux et n'en avisez pas votre meilleur ami. Respectez rigoureusement ces conditions. Nous avons beaucoup plus de temps que nous le pensons pour nous poser et méditer. Mangez légèrement, évitez les stimulants, le café, le vin. En fait, ne consommez rien pouvant vous causer un malaise. Installez-vous sur une bonne chaise, dans une pièce tranquille. La voix du retour ne se trouve pas en dehors de vous, mais dans votre esprit. Ainsi, vous créez une opportunité de vous y retrouver. Vous pouvez, si vous en ressentez le besoin, faire jouer de la musique, mais toute douce, en trame de fond. Installez-vous confortablement ; une couverture, un verre d'eau, des coussins. Vous devriez pouvoir demeurer réveillés. Ensuite, restez assis le plus longtemps possible, les yeux fermés. Vous pouvez faire un tour de maison de temps en temps pour nous dégourdir. Résistez à la curiosité d'aller voir vos courriels. Soyez sans jugement si vous échouez et si vous ne pouvez pas tenir trois heures. L'exercice vous permet d'évaluer votre niveau de peur du silence.

Quand nous voulons vraiment nous éveiller à la présence de Dieu, nous désirons de plus en plus la paix d'esprit. Avec l'entraînement, le silence devient préférable au bruit. Certaines personnes trouvent la méditation trop exigeante. Elles choisiront des options, même créatives, telles qu'une promenade dans les bois, l'écoute d'une musique apaisante, une position assise près d'un ruisseau en respirant profondément. D'autres personnes préféreront le yoga, les chants de guérison, le jardinage, le bain chaud, l'observation tranquille des flocons de neige qui tombent – voilà autant de moyens apaisants pour l'esprit. Il est souhaitable d'inclure ces activités dans vos vies.

En développant cette capacité au calme, une prochaine étape serait de s'asseoir tranquillement pendant cinq minutes, peut-être deux ou trois fois par jour. L'ambiance appropriée peut inclure de la musique pour méditation, la flamme d'une bougie, le son apaisant d'une fontaine d'eau. L'esprit apaisé est nourri et renforcé par la répétition d'une action. À mesure qu'augmente le désir de vivre cette paix d'esprit, la capacité à demeurer paisiblement assis, debout et même en marchant augmente aussi. Le sentiment de paix et d'entièreté dans cet état devient aussi normal que manger, boire, respirer, et nous le reproduisons.

Se laisser guider

Nous, les enfants de Dieu, qui croyons être séparés du Père avons besoin d'être soutenus pendant que nous abandonnons nos rêves de séparation, telle la branche à peine reliée à son arbre, emmaillotée pour qu'elle reprenne le flux de la sève. Tout enfant cherchant l'éveil n'a qu'à s'ouvrir et à demander de l'aide. L'aide arrive là où l'on en a besoin, dans l'esprit. Ce n'est que dans l'esprit que la perception peut être corrigée ; c'est dans l'esprit tranquille que nous pouvons être guidés. À cultiver l'esprit tranquille, par la pratique régulière, il est possible de s'ouvrir à notre guide intérieur, de prendre connaissance d'une présence douce, aimable et sage, toujours prête à nous aider et à nous guider vers notre éveil. Dans cette logique voulant que nous soyons endormis dans un rêve, nous déduisons qu'il doit exister une autre partie de nos esprits. Nous pouvons nous tourner vers cette partie éveillée, justement pour demander de l'aide.

Dans un premier temps, en développant notre rapport avec notre guide intérieur, il est utile de poser des questions toutes simples, pour ressentir la façon dont cette aide peut être reçue. J'en ai fait l'expérience lorsqu'un tapis de yoga commandé de Sears est arrivé à l'endroit où je devais en prendre possession, un nettoyeur tout près

10. L'esprit tranquille

de chez moi. Je venais également d'activer une carte récompense de Club Sears avec l'intention de l'utiliser pour obtenir un crédit. Le lendemain, on me rappela pour me dire que mon colis était arrivé, mais je n'avais pas encore reçu la carte par courrier : crise mineure. Je désirais profiter de mon bon d'achat avec cette carte et si je ne réclamais pas mon paquet dans les douze jours, il serait renvoyé à l'expéditeur. Pas si grave. Je pouvais tout aussi bien prendre livraison de mon colis en payant et utiliser la carte lors d'un prochain achat. Cependant, n'achetant pas souvent à ce magasin, il y avait de bonnes chances que la carte soit expirée avant que je fasse un autre achat. Mon esprit indépendant avait décidé qu'il en serait ainsi. Je me suis demandé si je devais téléphoner au service à la clientèle du magasin pour où en était l'envoi de cette carte. Ma demande n'avait peut-être même pas encore été traitée. Devais-je aller chercher mon tapis avant qu'il ne soit retourné ?

Une réponse a surgi dans mon esprit: « *attends quelques jours, elle arrivera* ». J'ai laissé passer une autre journée sans que la carte récompense arrive dans ma boite aux lettres. J'avais deux bonnes semaines, mais mon esprit tordu voulait s'inquiéter. J'avais peut-être mal compris le message. Je réfléchissais. J'ai décidé de téléphoner chez Sears et, effectivement, on m'a informée d'un retard dans l'émission des cartes récompenses et je pouvais espérer la recevoir à la fin du mois. Eh bien, heureusement que j'ai téléphoné. J'ai expliqué ma situation à l'agente au téléphone, elle m'a conseillé d'aller récupérer mon colis. Elle mettrait un mot dans mon dossier et je devrais appeler dès la réception de la carte pour conclure la transaction. Ainsi, je suis partie chercher mon tapis de yoga, maintenant convaincue que j'avais simplement mal compris le message de mon guide.

La carte arriva quatre jours plus tard. Si j'avais écouté, je me serais évité un appel superflu, le récit de ma situation et un voyage à la poste et une lettre explicative afin que ce ridicule dix dollars soit enfin appliqué à mon compte. Toute cette agitation inutile, alors que j'aurais pu méditer tranquillement. Voilà un événement, finalement banal, me démontrant à quel point je crois pouvoir décider ce qu'il y a de mieux à faire par mon propre esprit individualiste et séparé. En demeurant tranquille, sans remplir mon territoire mental de bric-à-brac insensé, la question se serait résolue dans la simplicité sans effort supplémentaire de ma part.

> Demander au Saint-Esprit de décider pour toi, c'est simplement accepter ton véritable héritage. Cela signifie-t-il que tu ne peux rien dire sans Le consulter ? Bien sûr que non ! Cela ne serait guère pratique, et c'est du pratique que ce cours se soucie le plus. Si tu as pris l'habitude de demander de l'aide quand et où tu le peux, tu peux avoir confiance en ce que la sagesse te sera donnée quand tu en auras besoin. (M-29.5:4–8)

Se connecter avec le guide intérieur est une pratique simple qui requiert uniquement une disposition à calmer notre esprit, à exprimer le désir de recevoir de l'aide, et d'écouter, encore, avec l'esprit tranquille, sachant avec certitude que l'aide nous sera accordée. Cette présence aidante peut prendre plusieurs formes, mais elle provient toujours d'un esprit éveillé. Non seulement est-il normal de demander de l'aide, il est aussi bienvenu. Plus il y aura de frères et de sœurs éveillés dans le monde, plus il y aura d'exemples de pensées justes, sans jugement, provenant d'un esprit en paix.

Le guide peut se présenter avec une personnalité ou même un nom afin de faciliter la communication. L'information qui provient de l'esprit juste sera libre de tout jugement, elle prend en considération les intérêts supérieurs de tous et, finalement, elle mène à des solutions empreintes de paix, de bonté et d'amabilité. Le chercheur sincère obtiendra ce dont il a besoin, au bon moment. Un esprit apaisé sera guidé par une feuille tombant d'un arbre, par le sourire d'un étranger ou même par un panneau publicitaire. L'aide de nos guides est sans frontière, elle n'a aucune forme prédéfinie, ni de limite.

Telle la branche brisée pansée et soutenue, l'esprit blessé d'un enfant de Dieu est gentiment aligné avec l'aide de son guide afin qu'il se rebranche sur le courant de la force vitale qui est son droit de naissance. L'éveil par la guérison devient alors naturel et inévitable. L'enfant endormi n'a qu'à désirer l'éveil, avoir l'humilité de demander l'aide et vouloir écouter en silence. L'aide nous a déjà été accordée, par la simple demande.

> La paix est le pont que chacun traversera pour laisser ce monde derrière soi. Mais la paix commence dans le monde perçu comme différent et mène de cette perception nouvelle jusqu'aux portes du Ciel et à la voie au-delà. La paix est la réponse aux buts conflictuels, aux voyages insensés, aux poursuites effrénées et vaines, et aux entreprises in-signifiantes. Maintenant la voie est facile, qui descend doucement vers le pont où la liberté réside dans la paix de Dieu. (L-pI.200.8)

11. LE PARDON DÉMYSTIFIÉ

Le pardon, par contre, est calme, et tranquillement ne fait rien. Il n'offense aucun aspect de la réalité ni ne cherche à la tourner en des apparences qui lui plaisent. Il regarde simplement, attend et ne juge pas. (L-pII.1.4:1–3)

Un nouveau genre de pardon

L'étude du Cours, durant quelques années, permet de bien comprendre le processus du pardon, d'assumer notre part de responsabilité dans la fabrication des projections qui ressortent du fond de nos esprits, et de se familiariser avec l'habitude de s'en remettre au Saint-Esprit pour nous aider à lâcher prise et à guérir. Le pardon est un processus simple, à la base. Cette simplicité implique qu'il n'est pas nécessaire d'analyser sans fin ni de se sacrifier sans bon sens ; il n'est pas non plus nécessaire d'aller admettre sa culpabilité sur la place publique et, surtout, de subir une punition quelconque. La puissance de cette forme de pardon réside dans notre ouverture à regarder au-delà de nos perceptions erronées.

Cependant, comme notre état de sommeil est si profond et que notre état de séparation de Dieu est si total, nous pouvons imaginer que ce processus est plus compliqué, qu'il sera impossible de s'éveiller du rêve en réussissant seulement quelques pardons. Nous nous demanderons, si c'est facile, pourquoi alors pardonner sans cesse aux mêmes personnes, pour les mêmes raisons, ou dans les mêmes situations. Comment savons-nous si nous avons véritablement lâché prise ? Comment saurons-nous si nous avons vu la vérité et que les ténèbres sont réellement dissoutes ?

11. Le pardon démystifié

Afin d'atteindre la pleine puissance de cette pratique assez unique de pardon, nous devons d'abord et avant tout comprendre ce dont il est question: un système de pensée basé sur la séparation, voué à nous garder pris dans ces mensonges, peu importe le coût. L'ego n'a aucune éthique quand il s'agit de sa survie. Nous nous voyons en êtres uniques et en individus indépendants avec des atouts physiques, psychologiques et personnels singuliers, c'est-à-dire que nous nous pensons différents des autres et que nous ne croyons pas que nous sommes Un, semblables et également aimés de Dieu. Nous sommes, en effet, sous un sortilège puissant. Parce que nous sommes encore complètement sans esprit, nous penserons, à juste titre, que la traversée prendra un certain temps, cette traversée de la couche opaque de mensonges bloquant la vision véritable. En réalité, cela n'a pas besoin de prendre de temps parce que notre peur est cette peur de choisir le pouvoir de notre pur esprit, essentiellement la même peur à la base des mauvais choix, qui nous maintient captifs d'un état qui ne saurait être autre chose que l'illusion.

Quand nous nous exerçons finalement au pardon, nous avançons à tâtons vers nos sombres croyances sur nous-mêmes. Cela ne reflète pas un manque de bonne volonté ni une mollesse de notre sincérité, mais il s'agit plutôt de la peur de découvrir la vérité de notre impeccabilité inhérente. Plus se renforce notre confiance dans le processus, plus il est facile de regarder ce qui se cache dans la profondeur de notre esprit. Plus nous acceptons l'idée que la création de Dieu est entière, donc incapable de pécher, plus il nous est facile de regarder dans les ténèbres. Enfin, plus notre désir d'être entiers est puissant, plus les résistances perdent leur importance et plus nous avançons, certains de franchir les étapes de notre retour.

Le fait de nous rattraper en jugeant un frère représente une étape importante du processus de guérison, non seulement pour son potentiel de guérison, mais aussi parce qu'elle démontre que nous sommes en mesure d'appliquer ce que nous étudions. Ce que nous voyons en dehors de nous-mêmes reflète ce que nous croyons être au plus profond de nos esprits, donc nous croyons toujours en notre peccabilité. Nous constatons que nous adhérons encore à la notion de péché, ainsi nous accédons aux niveaux les plus profonds de nous-mêmes. La confrontation avec la croyance insidieuse est une étape importante de la guérison de l'esprit. Il s'agit de l'obscurité qui nous cache la vérité et nous empêche de voir le but de nos efforts. Réussir à déceler les jugements que nous portons et à ne pas nous juger de l'avoir fait, c'est signe que nous sommes accompagnés du pur esprit. Réjouissons-nous!

Cette croyance que le péché est inhérent à notre nature est intolérable et ne demeurera pas réprimée indéfiniment. À l'occasion apparaissent des boucs émissaires, faisant l'objet de nos projections: personnes, choses inanimées et situations. Le bouc émissaire idéal vit souvent parmi nos relations significatives : parents, époux, ex-partenaires en amour ou en affaires ; collègues ou amis. Les boucs émissaires sont également susceptibles de prendre la forme d'un parti politique, d'idéologies socio-économiques et même spirituelles. Parfois, les choses plus anodines semblent causer la dissolution de notre paix, tels un trait de caractère ou un type de personnalité. Il est quasi certain que tous ces agacements constituent la liste officielle des irritants qui nous dérangent depuis toujours.

Beaucoup de personnes sur la route d'une voie spirituelle affirmeront qu'ils ont fait la paix avec tout un chacun, que personne dans leur vie ne joue le rôle de bouc émissaire. Nous aimons nous voir en individus aimables, respectueux, paisibles et spirituels. Rappelons-nous que le refoulement devra un jour être projeté, que les saints n'entrent généralement pas dans la dualité du monde, qu'il est donc fort probable que dans des corps, nous ayons et nous aurons encore besoin de bouc émissaire.

Pour les personnes engagées sur une voie spirituelle quelconque, le scénario le plus probable est que l'ego, soucieux de maintenir son existence, aura trouvé des moyens plus astucieux de nous éloigner de la conscience de nos sombres secrets et de nos mécanismes de projection. Nous sommes donc animés d'un faux sentiment de paix, de joie et de guérison vis-à-vis notre cheminement spirituel, croyant peut-être même que nous sommes guéris. Si notre intention est de s'éveiller du rêve, nous devrons regarder d'un peu plus près la croyance de notre nature pécheresse ainsi que la peur enfouie de découvrir notre impeccabilité inhérente.

Nos péchés secrets masquent encore plus profondément la peur de découvrir que ces péchés ne sont, en réalité, qu'un truquage, une distraction concoctée par un esprit confus dans le but d'empêcher de regarder vers l'intérieur. La vérité immuable est que nous sommes impeccables tel que Dieu nous a créés. Comment peut-il en être autrement de la création de Dieu ? Admettre cette vérité, c'est se placer à quelques pas seulement de l'acceptation de l'Expiation pour nous-mêmes. La fin de l'ego est imminente. Comme nous pourrions nous y attendre, il n'est pas dans l'intérêt de l'ego de nous permettre ce constat, alors il nous convaincra de n'avoir aucun ennemi, pas même une seule personne capable de nous déranger et de nous faire perdre la paix. L'ego aura encore réussi à se maintenir en sécurité. Nous avons tous au moins un ou deux déclencheurs. Souvenez-vous seulement de la dernière fois que vous vous êtes dit, « Ceci me tape sur les nerfs », ou bien, « Je déteste quand les gens (remplissez), » ou bien, « Pourquoi ne peuvent-ils pas être un peu plus comme « moi » (comme si nous étions la référence).

Forts de cette reconnaissance des faits, nous sommes en excellente position pour pratiquer l'unique processus puissant du pardon enseigné dans le Cours. Nous n'avons qu'à admettre notre choix d'avoir projeté la croyance bien enfouie de notre nature pécheresse sur notre frère. Nous faisons tout cela quasi automatiquement parce qu'en choisissant avec l'esprit juste, nous verrions la lumière du Christ en notre frère, signifiant ainsi que ce que nous percevons à l'extérieur reflète notre intérieur, et nous saurions automatiquement que nous sommes impeccables. Le péché fait tourner la roue de la séparation, et la perception du péché est essentielle à l'existence du système de pensée de l'ego. La clé d'accès aux portes du Royaume des Cieux, c'est la reconnaissance de l'impeccabilité d'un frère, et par le fait même de la nôtre.

Comme nous le savons, la prochaine étape de notre processus de pardon et de guérison, c'est le constat de ne plus désirer voir notre frère pécheur. Nous nous en remettons simplement au Saint-Esprit, cette partie juste de notre esprit pour laquelle le péché n'existe tout simplement pas. Le Saint-Esprit s'occupe de la guérison. Le processus consiste à simplement regarder, c'est au cœur de l'efficacité et du pouvoir du Cours ; sans regarder, nous ne pouvons pas faire de constat, et sans le constat, nous ne verrions pas le besoin de demander à être libérés. Sans libération, la noirceur continue d'obstruer la vérité de notre impeccabilité. En regardant honnêtement, sans juger, nous sommes libres de choisir à nouveau, avec l'esprit juste.

Mais nous n'avons pas encore fini, pas tout à fait. Nous pratiquons bien le pardon, mais l'ego, lui, s'adaptera sûrement à nos permutations spirituelles et trouvera des moyens encore plus sournois pour nous éloigner de la vérité. La paix est un état dangereux pour quelqu'un qui chemine accompagné par l'ego : nous vaquons à nos affaires en paix et voici que la vie nous présente un partenaire accoutumé, pour un petit « round » de pardon. La paix se voile rapidement d'un nuage noir. Ce nuage ressemblera à un jugement, un sentiment de défensive ou une émotion pouvant aller de l'irritation bénigne à la haine, ou encore la colère, le ressentiment, et tout sentiment accusant mon frère pour ma paix troublée.

C'est à ce moment que nous entamons notre processus de pardon, en reconnaissant que cela devait être une projection. Alors nous pardonnons à notre frère pour ce qu'il n'a pas fait, ensuite nous reconnaissons que nous n'avons plus aucun désir de nourrir ce ressentiment, et nous nous en remettons à la sagesse du Saint-Esprit. Nous nous sentons mieux et, voilà, nous nous disons, « j'avance et le Paradis est à quelques pas de pardon, vers l'avant ».

11. Le pardon démystifié

Comment l'ego utilise le pardon

Croyiez-vous que ce serait aussi facile ? Vraiment ? Penser qu'un étudiant du Cours est immunisé contre les machinations de l'ego serait naïf. L'ego, toujours vigilant et prêt à tout, utilisera les éléments à sa disposition, surtout notre pratique spirituelle pour nous empêcher de voir la vérité. Tout ce qui est important pour nous, incluant notre pratique du pardon, est vulnérable quand l'ego s'en empare. De nombreux étudiants du Cours, sincères, ont donné une importance bien particulière à leur pratique du pardon, la plaçant au-delà des activités normales du quotidien. L'ego joue un rôle dans ce qui se distingue de toute autre chose dans le monde de la forme, ou presque. Il n'existe aucune hiérarchie d'illusions.

Dans notre application du pardon, si nous n'avons pas constaté que notre projection sur notre frère provient, en réalité, de ce que nous croyons être vrai de nous-mêmes, il y a de bonnes chances que cela provienne de notre bon ami l'ego. Nous avons peut-être appliqué les étapes du pardon, mais nous croyons, au plus profond de nous, que c'est notre frère qui a commis cette bévue terrible requérant notre pardon. « Je ne suis pas comme ça. Moi, je ne ferais jamais cela », nous disons-nous, remplis d'autosuffisance inavouée. « Mais, ça va. Elle n'est pas étudiante du Cours ; elle faisait de son mieux. » Nous nous reposons sur ces suppositions, satisfaits d'avoir réussi à pratiquer le pardon encore, mais ignorants du fait que les pensées de jugement, aussi minces soient-elles, représentent une forme d'attaque.

C'est là que l'honnêteté joue un rôle important. En portant bien attention, nous retrouverons des soupçons de notre propre comportement dans les actions de notre frère. Nous sommes peu prêts à admettre d'être plus tordus en fonctionnant sous la gouverne de l'ego. Ainsi, nous voilà épatés et même soulagés d'avoir décelé ce comportement douteux chez notre frère : nous voilà prêts à le pointer. On dira « il a été méchant, cruel et vicieux, mais moi, je lui ai pardonné pour ce qu'il n'a jamais fait. Dieu merci, je ne ferais *jamais* ça. » Et nous voilà absous du péché que nous croyons porter en nous, du moins pour l'instant.

L'ego s'infiltre dans les méandres de la pensée en rendant notre frère différent de nous-mêmes. Le retour à l'entièreté exige de savoir que nous sommes tous pareils, tel que Dieu nous a créés, et que nous rentrerons au Ciel ensemble ou alors, pas du tout. Le jugement choisit et accorde plus de valeur à un frère qu'à un autre. Personne ne veut admettre qu'il abrite des pensées meurtrières, cruelles, méchantes, violentes ou toute autre forme de pensée non sainte. La plupart des personnes spirituelles croient être de bonnes gens. Le système de pensée de séparation auquel nous tenons, si nous nous considérons des individus distincts, est basé sur une pensée meurtrière. Ce n'est pas un point de départ très agréable. Il suffit de regarder ce qui passe pour du divertissement télévisuel et cinématographique où l'obscurité inconsciente a une arène socialement acceptable pour se projeter.

Il est essentiel de ramener l'obscurité à la lumière pour en dénoncer sa fausseté. La cacher ne fera que retarder notre éveil et notre retour. Le Cours nous avise également que nous ne pouvons pas cheminer seuls ; il nous faudra désormais l'aide, dépourvue de jugement, que seuls Jésus, le Saint-Esprit et les autres symboles du savoir éveillé savent nous offrir. Ce n'est qu'une fois ces conditions remplies que nous pourrons traverser les ténèbres tapissées au fond de nos esprits. Le Cours nous invite donc à être conscients. En observant quelque cruauté ou toute autre forme de mal ou de mesquinerie chez notre frère, nous apercevons alors un reflet de ce que nous croyons caché dans nos profondeurs obscures.

La réaction habituelle sera de s'en défendre, de trouver une faille au raisonnement et de déclarer haut et fort notre innocence. Cependant, la réalité est que si nous avions vraiment cru à notre innocence, notre frère nous serait tout de suite apparu innocent lui aussi, mais souffrant certainement et nous lançant un appel à l'amour. La seule chose à faire est de bien regarder notre frère et reconnaître que nous avons projeté nos pensées sur lui. La pire chose que nous puissions faire serait de nier notre erreur. Il faut, au contraire, la regarder sans la juger et plus nous regardons, plus il devient facile de lâcher prise. Personne n'a besoin de savoir que nous avons eu une pensée non sainte ; il n'y a aucun besoin d'en faire un cas effrayant ou horrible. La même croyance réside au fond de chacun, alors il n'y a rien là. Tout le monde maintient les mêmes croyances. À quoi pouvons-nous nous attendre d'autre, d'un système de pensée qui dit: soyons autre chose que ce que nous sommes, soyons divisés, rompus par la vie et méritant le châtiment?

Attention aux promesses de l'ego

J'ai rencontré plusieurs étudiants du Cours découragés quand les événements de leurs vies ne s'alignent pas à leurs attentes. Mais je suis un bon étudiant du Cours, s'écrieront-ils. Les choses ne devraient-elles pas s'améliorer ? Je suis un être bon et aimable. Pourquoi m'arrive-t-il encore et toujours des situations conflictuelles ? Je lui ai pardonné, pourquoi ne me traite-t-il pas mieux ? Pourquoi ne change-t-elle pas ?

Il est possible que nous pratiquions diligemment le pardon, que nous admettions vivre les conséquences des choix faits en étant accompagnés du mauvais enseignant. Nous nous sentions soulagés en demandant l'aide du Saint-Esprit. Nous nous réjouissions de continuer nos études et nous nous félicitions. Alors, il est tout à fait possible d'être malgré tout, encore accompagné par l'ego. Prenons du recul pour mieux voir comment l'ego pourrait nous détourner, en sa faveur, de nos bonnes intentions. Eh oui, nous avons exercé le pardon tel qu'il nous est enseigné et nous nous en sommes bien sortis, compte tenu des circonstances. Ce truc de pardon est un peu trop menaçant pour l'ego. Il va tenter d'avoir le dernier mot. Dans les gradins de l'arène de nos esprits, il clame que nous avons été de bons étudiants et qu'il est tout à fait probable que le Saint-Esprit nous sourit et nous promet un dénouement favorable. Nous avons été bons, après tout ; nous attendons la récompense. Si les choses devaient prendre une autre tournure, l'ego doublerait sa mise. Nous nous retrouvons encore une fois à la merci d'événements incontrôlables et c'est la preuve que nous ne pouvons pas compter sur le Saint-Esprit. Pauvre de nous. Voilà le type de transactions que l'ego négocie en coulisses dans les esprits de ceux qui s'allient avec lui.

Au début, c'est tout à fait normal de penser que la pratique du pardon influence positivement nos vies et que nous rencontrions fréquemment de belles occasions d'être bien. C'est parfois le cas. Dans le Cours, Jésus nous promet un doux rêve. Cependant, la joie ne provient pas du fait que les situations de nos vies s'arrangent, mais d'un changement de perception dû à l'éveil d'un esprit juste. La perception est changée, avec comme prémisse que rien de ce monde n'a d'importance ; un choix plus précieux existe et c'est la paix de l'esprit. Dans ce changement de perception, l'ego est défait. Dès lors, une joie émerge, signe que le retour définitif se rapproche.

Un heureux changement de perspective

Quand j'ai commencé à mettre en pratique ce nouveau genre de pardon, je me suis sentie confuse à l'idée de déclarer que je pardonnais à mon frère parce qu'il n'avait pas vraiment fait quelque chose, et que tout ceci étant mon rêve, il n'y a personne en dehors de moi, et que ce monde n'est qu'illusion. La métaphysique était saine, mais elle me semblait irréaliste et peu pratique alors que j'étais convaincue qu'un frère avait dérangé ma paix d'esprit. J'arrivais à accepter que ce que je percevais reflétât mes croyances secrètes sur ma propre valeur, particulièrement quand ma paix était troublée. Ma réalité me semblant tellement vraie, il était très difficile de la trouver illusoire!

Cette ligne de pensée a pris du sens pour moi seulement en m'élevant au-dessus du champ de bataille. De là, il était possible de voir comme faisant partie d'un rêve ce que tous mes frères et sœurs semblent faire. Ce rêve est un terrain de jeu imaginaire sur lequel des scénarios sont rejoués en boucle. Tout ce qui se produit sur l'aire de jeu a lieu dans l'état de sommeil. Cet état endormi est, en réalité, un état d'ignorance dans lequel nous n'avons aucun souvenir en tant qu'enfants de Dieu.

Endormis, jouant nos jeux dans notre rêve inventé, il va sans dire que nous faisons au mieux possible. Nous rêvons et nous n'avons jamais quitté le Paradis ; ainsi, nous ne sommes jamais véritablement en danger, sauf par le danger imaginé dans le rêve, et nous réalisons qu'il n'y a aucune raison de juger ni de prendre les scénarios de la vie trop à cœur. Quand nous avons peur, nous ne faisons que projeter notre croyance d'être trop vulnérables. Dieu, lui, nous a créés entiers et invulnérables. La croyance de notre vulnérabilité n'a donc de pouvoir que dans l'état endormi, un état d'ignorance illusoire, préparé par un esprit insensé et divisé que nous appelons l'ego.

Nous laisser déstabiliser par ce qu'une personne semble faire dans un rêve est ridicule. La seule valeur utile des situations qui nous mettent hors de nous c'est qu'elle révèle ce que nous tenons pour vrai de nous-mêmes, ce que nous percevons en dehors de nous est le reflet de ce qui existe à l'intérieur. Munis de ce savoir, nous sommes prêts à nous en remettre au Saint-Esprit et à laisser la vraie guérison s'opérer. Même si les conflits que nous vivons avec nos frères ont réussi à éloigner la paix, ils auront servi la fonction très importante de porter l'obscurité cachée vers la lumière. Toute noirceur s'éclaire par la lumière de la vérité et elle se dissipe, nous permettant ainsi de retourner chez nous. En nous corrigeant au moment où nous jugeons quiconque, en constatant que nous réagissons en victime ou en reconnaissant être déstabilisés par les actes qu'un frère semble avoir faits, nous accélérons notre retour.

La notion voulant qu'il n'y ait réellement personne en dehors de nous-mêmes est utilisée par l'ego dans le but de nous confondre encore plus. Nous avons, à tort, une perception de notre frère faussée par l'écran de fumée de l'ego. En réalité, ce qu'il y a au-dehors c'est Dieu et Ses créations, lesquelles incluent notre frère, véritablement entier et innocent, même s'il l'ignore. Nous n'avons pas fabriqué la personne qui nous attaque, mais nous avons choisi de la voir à travers la lentille de jugement de l'ego. Nous pouvons toutefois choisir de voir notre frère dans son impeccabilité à travers la lentille de pardon du Saint-Esprit. Ce n'est qu'en voyant notre frère impeccable que nous connaîtrons notre propre entièreté.

12. L'ÉCOLE DE LA VIE

> Mon saint frère, pense à ceci un moment : Le monde que tu vois ne fait rien. Il n'a pas du tout d'effets. Il représente simplement tes pensées. Et il change entièrement quand tu choisis de changer d'esprit et choisis la joie de Dieu pour ce que tu veux réellement. Ton Soi est radieux dans cette sainte joie, inchangé, inchangeant et inchangeable, pour toujours et à jamais. (L-pI.190.6:1–5)

Une approche qui représente un compromis

La plupart des gens cherchent un chemin spirituel quand ils éprouvent des difficultés dans certains aspects de leur vie. Nous en avons assez des relations insatisfaisantes, nous sommes pris dans une situation conflictuelle pour laquelle nous n'avons pas trouvé de solution appropriée. Nous sommes arrivés au Cours, attirés par sa promesse de paix, peut-être un miracle, ce que toute personne désire profondément. Nous nous rallions au message du Cours parce que nous recherchons l'expérience de guérison. Même lorsque le message du Cours n'est pas encore compris, l'esprit, lui, aura compris qu'une voie différente s'ouvre ; son message résonne avec une mémoire profonde de la vérité.

La douleur, la souffrance et tout autre inconfort sont de puissants motivateurs de changement. Au tout début, la plupart d'entre nous partent en quête pour régler un aspect de nos vies : nous voulons sauver une relation, aider un enfant à traverser l'adolescence, vaincre une maladie, trouver lumière et espoir dans un monde sans joie, ou peut-être améliorer la condition de ce monde. Avec le temps, nous découvrons que le Cours ne dit absolument rien sur les comportements à adopter dans le monde, pas plus que sur les moyens de réconcilier les relations, d'élever nos enfants ou d'amener de la paix dans le monde. C'est ici que le Cours diffère d'autres voies visant un meilleur monde. Par notre étude du Cours, il devient clair que cette position radicale est essentielle à ce nouvel enseignement, et que sans elle, il n'y aurait pas de véritable espoir. Offrir des solutions pour des problèmes dans ce monde équivaut à rendre le monde réel, et le Cours dit clairement que le monde que nous percevons n'est pas réel. S'il nous fallait résoudre les problèmes du monde avant de pouvoir accéder à la paix, nous n'y arriverions jamais. Le Cours nous mène à la source de tous les problèmes, le seul endroit où le véritable changement est possible : dans notre esprit.

Plusieurs clients désespérés m'ont consultée, cherchant la façon d'appliquer le Cours dans leurs vies afin de régler les situations causant leur détresse. Une femme venait d'apprendre que son époux la quittait et, sa fillette blottie contre elle, elle voulait savoir comment ces enseignements allaient rendre le chaos supportable. Lui dire que tout cela n'avait aucune importance, que tout est illusion aurait été déplacé. Sa vie d'adulte bien établie connaissait une fin abrupte. Il aurait été tout aussi inutile, voire méchant, de lui dire que le divorce est pénible parce qu'il est symbolique du divorce original entre nous et Dieu.

Quelques jours plus tard, une autre femme me racontait qu'il lui était très difficile de rester en paix et d'appliquer le peu qu'elle avait compris du Cours alors que son partenaire préparait une poursuite judiciaire pouvant lui faire perdre sa maison ainsi que ses économies. Exiger d'elle de pardonner à son partenaire pour des offenses qu'il n'avait pas vraiment commises n'aurait pas été utile ou de faire voir la valeur accordée à des choses sans valeur. Il n'était pas judicieux de lui dire que son véritable au Ciel était l'abondance, et qu'elle n'avait pas à s'inquiéter.

Une femme d'affaires ayant bien réussi, rencontrée lors d'un dîner de réseautage, me confessa qu'elle avait essayé d'étudier le Cours, mais qu'avec trois jeunes enfants et une entreprise à gérer,

12. L'école de la vie

elle avait dû abandonner. Je percevais son sentiment de culpabilité et voyant qu'elle se faisait des reproches, je lui dis simplement qu'elle pouvait toujours le mettre de côté et y revenir quand sa vie redeviendrait plus tranquille, ce qui était logique et sensé, car le but du Cours n'est pas d'ajouter à la culpabilité, mais de la défaire. À la fin de la soirée, elle est venue me dire à quel point elle se sentait soulagée et quelle importance avait eu ce petit conseil.

Comment, en effet, en tant qu'étudiants du Cours ferons-nous face au quotidien ? La première chose que je leur dis c'est qu'il est inutile de se sentir coupable de ne pouvoir pratiquer ni d'appliquer un enseignement spirituel à un moment où leur attention est mobilisée ailleurs, dans les situations prioritaires, alors qu'il s'agit d'un enseignement conçu pour défaire la culpabilité. Nulle part dans le Cours, Jésus ne nous dit qu'il faille s'élever en héros de l'impossible pendant que nos vies dérapent. Il est parfois préférable de séparer temporairement nos vies physiques et matérielles de nos quêtes spirituelles. Il peut être difficile de mettre ce nouveau système de pensée en pratique dans notre quotidien sans qu'une maîtrise suffisante de l'enseignement du Cours soit atteinte. C'est une pratique déjà exigeante en temps normal, sans parler des situations critiques.

C'est pourquoi, du moins pendant les quelques premières années d'étude, il peut être utile d'utiliser le compromis et de compartimenter, tel que suggéré au début du Texte. Cependant, séparer la théorie de la pratique sur une longue durée mènerait à une dissociation, prouvant une résistance profonde au message du Cours, une expérience bien connue des étudiants, retardant ainsi ou empêchant tout progrès sur cette voie. Comme le parcours de vie de chacun est unique, c'est à l'étudiant de déterminer le rythme de son apprentissage. Il est certain qu'une pratique spirituelle ne devrait pas trop augmenter le stress, la culpabilité ou l'anxiété. S'il en est ainsi, il est probablement préférable de ralentir ou de carrément faire une pause.

Peu importe si nous avons été attirés vers le Cours, ou si le Cours nous a trouvés, nous avons demandé l'aide dont nous avons besoin et c'est le premier pas sur la voie, possiblement le pas le plus important sur la voie vers l'éveil.

Jésus, aide-moi s'il te plait.
Il doit y avoir une meilleure voie !
Père, montre-moi la vérité.

Voilà la prière la plus franche et la plus importante qu'un chercheur puisse offrir parce qu'elle admet que la manière habituelle de faire les choses comme individu autogouverné, séparé du Père, ne fonctionne plus. Même quand la prière provient d'un grand désespoir, en raison de la nature de l'unité de Dieu, c'est avec certitude absolue qu'elle a été exaucée. Ce qui est nécessaire n'est rien de plus que la foi d'accepter que ceci est vrai, et de bien vouloir être assez calme pour entendre la réponse.

Tant que nous n'aurons pas appris à nous mettre à l'écoute de la partie de notre esprit dans laquelle se joue la cause de ce que nous percevons autour de nous, il serait probablement sage de continuer la vie comme avant. Le Cours ne demande pas d'agir différemment dans le monde. Gardons les pieds sur terre : laissons les soucis légaux aux avocats ; les soucis d'ordre médical, aux médecins et praticiens appropriés ; laissons aussi la thérapie à des spécialistes qui ne connaissent pas le Cours ; en cas de maladie, on prend le remède approprié ; si le travail est devenu insupportable, on met à jour son curriculum vitae et on cherchera un emploi meilleur. Il est donc déconseillé de compter sur la métaphysique du Cours pour résoudre automatiquement les situations, cela risque de ne pas fonctionner.

Devant un problème majeur, l'étudiant consciencieux du Cours se posera la question suivante : comment aurais-je réagi à cette situation avant d'étudier le Cours ? La réponse indiquera sans doute la meilleure solution. L'application d'un système de pensée qui ne reconnaît pas l'existence du monde tel que nous le percevons, lié aux problèmes dans le monde, viendra compliquer et dérouter inutilement. L'esprit n'est pas tranquille en mode de crise. L'esprit tranquille est nécessaire afin d'entendre la Voix intérieure qui nous guidera dans la résolution de problèmes. Un esprit fragmenté et confus ne peut rien résoudre, à aucun niveau. L'esprit qui s'applique calmement à la résolution d'un problème sera plus efficace que l'esprit fragmenté tentant de résoudre un problème à partir de deux réalités distinctives. La nature d'une situation importe peu, le premier pas le plus efficace consiste à apaiser l'esprit.

Comme nous aimons nos histoires !

Lors d'un atelier d'écriture il y a plusieurs années, quelqu'un a dit, tout le monde a une histoire à écrire. À l'époque, je n'étais absolument pas d'accord. Je me suis demandé qui pourrait bien vouloir lire une histoire ennuyeuse. Tout le monde n'a pas une histoire intéressante à raconter ; certaines vies sont carrément ennuyeuses. Naturellement, ma réaction provenait tout droit de la partie de mon esprit en accord avec les valeurs de l'ego c'est-à-dire la croyance d'un être « spécial », capable de jugements de valeur, établissant des hiérarchies et des évaluations entre des histoires plus ou moins intéressantes. Nous partageons nos aventures avec beaucoup de monde sur Internet et nous les embellissons de détails juteux ; nous composons l'histoire, nous lui fabriquons une ambiance. Nous voulons communiquer une image de nous qui protège notre estime personnelle, si délicate ; ou, nous tentons de susciter une réponse toujours plus sympathique de nos lecteurs ravis.

Comme si nos propres histoires ne suffisaient pas, nous dépensons des fortunes à écrire, scénariser, filmer et consommer des variations infinies d'histoires dans lesquelles les héros combattent le mal, vivent des aventures époustouflantes, surmontent une adversité hors du commun, perdent et retrouvent l'amour. Des jeux fous ont été inventés, joués par des étrangers sur Internet ; nous assistons à des ballets, des concerts ou des pièces de théâtre sur fond d'histoires intenses. Nous regardons la téléréalité, nous lisons les derniers « best-sellers », nous baignons dans l'actualité et nous partageons les potins avec nos meilleurs amis ou nos collègues. Du lever au coucher, les histoires se succèdent. Lorsque nous dormons, nous nous offrons d'autres histoires fournies par nos désirs réprimés et inassouvis.

Où en serions-nous sans nos histoires ? À quoi ressembleraient nos vies sans drames, sans mystères, sans destins fracassants et sans interactions complexes? Où en serions-nous sans nos souffrances, nos douleurs, nos adversités, nos triomphes, nos peines et nos joies ? Nous affirmons désirer la paix de Dieu, mais c'est rarement le résultat final dans toutes nos histoires. Au lieu de cela, par nos histoires, nous éprouvons la satisfaction sous les diverses formes que sont l'amour, la vengeance, le succès, la victoire, la justice, la rétribution, la conquête, ou le gain. Dans toutes nos braves quêtes, nos courageux efforts et dans nos succès bien mérités, la paix éternelle est-elle l'objectif ou la récompense chérie ? Non. Alors, comment pouvons-nous affirmer vouloir la paix alors que, de toutes évidences, notre attention est centrée sur autre chose ? Comment pouvons-nous désirer revenir au Paradis et exister tel que Dieu nous a créés alors que nous cherchons constamment la plénitude par l'extérieur de nous ?

L'ego est un excellent raconteur et puisque nous estimons tant nos histoires, il nous servira les meilleurs scénarios du monde, s'assurant de nous garder rivés à nos corps, éternellement sous son charme, sans jamais imaginer qu'il puisse y avoir autre chose. Nous cherchons à maintenir notre croyance dans un monde constitué de plusieurs « soi » séparés bien collés à l'intérieur de nous, créant un terrain incompatible avec la création de Dieu. Nous avons besoin de revoir notre histoire, car notre scénario est si rigide qu'il ne laisse pas de place au doute. L'histoire débute avec nos mythologies et nos religions, car elles attestent que nous avons des origines. Nous avons l'histoire d'un Créateur et de Ses enfants. Dans ces histoires, les enfants se conduisent mal ; ils commettent ce que nous appelons des péchés. Apeurés du châtiment qui va sûrement tomber, ils s'agitent et cherchent un lieu sécuritaire. Peu importe les circonstances, le scénario comprend toujours le péché, la culpabilité et la peur. Ce sont les piliers de nos systèmes de croyances et

12. L'école de la vie

de nos histoires personnelles. Nos rêves sont construits là-dessus. L'histoire de l'ego est la plus éloignée de la vérité parce qu'elle est justement conçue pour nous empêcher de l'atteindre. Mais, tant que nous sommes d'accord avec l'ego, tant que nous désirons notre expérience de séparation de la parfaite Unité, nos perceptions serviront à prouver que l'histoire de l'ego est vraie, par le simple fait de nous placer en situations qui menacent la survie de notre soi séparé. Tant et aussi longtemps que nous refuserons de remettre en question nos perceptions, elles demeureront les seules témoins de la vérité, ainsi, le monde de la séparation et de la forme continuera à être essentiellement un fantasme collectif.

Heureusement, Jésus nous raconte une tout autre histoire, dans laquelle il nous rappelle sans ambigüité que ce monde n'est pas notre demeure réelle et que notre corps n'a rien en commun avec notre soi véritable dont la nature est entière, un esprit crée par Dieu, des pensées dans l'Esprit de Dieu. En acceptant cette idée, nous pourrions désormais réfléchir sur les nombreux efforts que nous déployons afin de garder l'illusion d'un soi qui est tout sauf entier, notre beau soi, dans son corps mortel qui lutte pour sa survie, se sachant mortel. Il est impossible que Dieu ait conçu ce plan pour Ses enfants, mais nous nous acharnerons à le croire fermement.

Le secret le mieux gardé de l'univers stipule que la croyance en nos propres histoires sert à maintenir leur réalité apparente, une réalité qui ne sera jamais qu'une illusion, un substitut de la vérité. Jésus nous rappelle que la vérité est simple : Dieu est Amour, Il n'a en aucun temps cessé de nous aimer et nous n'avons jamais quitté notre demeure au Royaume des Cieux. Sous l'angle de notre condition de séparation, une telle révélation semble tellement loin de notre entendement habituel, y croire sera perçu comme rêver en couleurs. Le contraire est pourtant vrai : c'est le monde des formes qui représente le fantasme rêvé ; le Royaume des Cieux est la seule réalité, la demeure que nous n'avons jamais quittée.

Film de la semaine mettant en vedette « Insérez votre nom ».

Même si nous provenons tous du même Esprit uni, nous nous percevons comme des fragments d'une idée de séparation insensée, projetée partout comme des milliers de corps aux formes uniques. Les apparences qui prévalent dans un tel monde nous obligent à nous voir en êtres très distincts les uns des autres. De plus, considérant que nos corps sont uniques, rendant ainsi cette croyance presque impossible à éviter, la vie de chacun raconte une histoire tout aussi unique que nous chérissons, même si elle est triste et remplie de drames.

Dans le rêve, nos vies semblent être uniques. Elles sont composées des mêmes matières premières comme la croyance du péché pour avoir réussi à nous séparer de notre Père, préféré l'indépendance et l'auto gouvernance et trouvé quelque chose ou quelqu'un en dehors de nous-mêmes qui valide l'illusion et rempli nos histoires. Une telle insanité porte en elle des croyances très profondes sur notre nature meurtrière ; la honte, la culpabilité, la peur, la perte de l'estime de soi. Nous suivons la loi de la jungle: être dévoré ou dévorer. Cette attitude nous oblige à faire des projections. Quand nous entrons dans ce monde, nous oublions ce concept de soi obscur et affolé, car notre attention doit être dirigée sur notre survie en tant que corps physique. La maison et l'école fournissent la socialisation et le lieu de rencontre avec les autres, ainsi nous nous conformons, motivés par un besoin fondamental de survie. Il est à noter que certains trouvent très facile de se protéger contre le souvenir de la séparation, tandis que d'autres demeurent tout près de la honte, de la culpabilité et de la peur.

Souvenez-vous la dernière fois qu'on vous a présenté à quelqu'un qui vous a demandé des renseignements personnels. Comment avez-vous répondu ? Peut-être avez-vous raconté des choses d'ordre familial, révélé votre union durable avec votre premier amour ou le nombre d'enfants que vous avez, votre emploi, votre lieu de naissance, vos mets ou films préférés, une équipe qui vous plaît, un truc qui vous agace depuis toujours ou votre signe astrologique. Vous n'avez probablement pas répondu : je suis enfant de Dieu, entier et aimé de mon Père. Bien que cela ait été la vérité, on vous prendrait pour un hurluberlu. Notre identification à notre rôle dans le rêve est totale au point qu'elle efface la vérité de notre nature réelle. Jamais nous n'arrêtons pour nous interroger : qui suis-je ?

Peu importe notre camouflage, nous voici identifiés aux faux soi, véhiculés par des corps qui luttent vaillamment sur des champs de bataille personnels et irréels dans ce que nous appelons nos vies. Comment allons-nous sortir du rêve confortable et nous retrouver éveillés avec Dieu dans le Royaume des Cieux ? Le même rêve qui définit notre exode du Royaume va nous servir à y rentrer. La manière la plus directe de revenir au Royaume est d'utiliser nos propres scénarios, et nos champs de bataille personnels. Considéré comme un programme d'entraînement sur mesure, respectueux et qui dépend également du pouvoir de choisir de notre esprit, le Cours est un bon choix pour entreprendre le retour.

Les histoires qui retiennent notre attention sont celles qui résonnent en nous. Le récit nous semblera logique, les personnages se comportent de manière crédible et des fins sensées terminent les scénarios. Nos scénarios personnels partent du postulat que les choses nous arrivent pour des raisons variées et, ainsi, nous n'interrogeons pas nos vies pas plus que toute histoire bien écrite. Les scénarios de chacun sont uniques et conçus spécialement pour avoir du sens à des esprits endormis qui interagissent dans un corps avec d'autres formes physiques auxquelles ils s'identifient.

Nous sommes venus au monde parce que nos parents ont eu des rapports sexuels et que la biologie a suivi son cours reproductif naturel ; certains de nos attributs résultent de notre génétique particulière. Nous pourrons aussi avoir cultivé des défauts causés par l'influence du quartier où nous avons grandi, des écoles surpeuplées que nous avons fréquentées, la pauvreté, le manque de vitamines, la guerre, l'économie. La liste est sans fin. Nous avons un problème de confiance parce que notre ex-conjoint nous a trompés. Lorsque nous sommes malades, c'est à cause d'un virus, de l'eau ou d'une prédisposition héritée. Quand nous sommes heureux, c'est parce que nous avons obtenu quelque chose que nous désirions, sinon, nous sommes tristes. Il existera un motif pour chaque événement qui nous arrive. En l'absence d'explications raisonnables, nous affirmons qu'il s'agit de mystères ou nous déclarons « Dieu seul le sait ». Nous sommes persuadés de ne pas pouvoir faire de changements véritables, car rien n'est de notre faute de toute manière. Ainsi, nous naissons, grandissons, vivons nos vies et mourons. « C'est la vie », disons-nous, stoïque. Sans remettre en question notre impuissance, nous ne posons aucune question à propos de ce que nous appelons la vie.

Ma pratique d'astro-numérologue m'a permis de connaître les scénarios de vie de milliers d'individus. D'une certaine manière, c'est comme posséder une loge au théâtre. Ma progression avec le *Cours en miracles* a donné un sens nouveau à ces scénarios. Par le passé, je croyais utile d'encourager l'originalité chez mes clients tandis qu'à présent, je vois que nous ne sommes pas, au plus profond de nous, tellement différents les uns des autres. Comme il est de bon ton de nos jours de célébrer l'individualité, nous risquons de ne pas voir et constater à quel point nos histoires contiennent sensiblement les mêmes éléments.

Plusieurs font l'expérience de la récurrence de leurs scénarios. Les lignes maîtresses de ces histoires portent, en général, sur un trait de personnalité, sur les relations humaines, sur les choix personnels et de carrière. Ils diront alors, « c'est ma nature obsessive qui m'amène à recommencer tout le temps ». Ou bien ils affirmeront, « je suis juste malchanceux, j'attire toujours ce genre de partenaire ». Ou encore, ils déclareront « j'ai toujours eu des patrons grincheux, je suis la personne à qui on vient toujours raconter les crises existentielles »…Et finalement, « c'est l'histoire de ma vie »! Ces scénarios répétitifs définissent nos personnalités par les drames de nos vies rêvées, tout en renforçant le « moi » qui fait l'expérience d'événements paraissant tout à fait réels. Il se peut que nous dépensions des sommes faramineuses et plusieurs heures pour analyser nos vies et mettre le doigt sur les raisons précises de notre douleur alors que tout se déroule dans l'état illusoire. Dans l'univers rêvé, pour qui les histoires comme les nôtres semblent-elles revêtir un sens ? Hormis le fait de débusquer les causes appropriées à nos drames de vie dans le rêve, nous nous demanderons à quoi servirait de les analyser ad nauseam ? La seule utilité d'analyser nos scénarios est de se familiariser avec le genre de film dans lequel nous jouons afin de lui conférer un nouvel objectif.

La vie de chacun se déroule comme un scénario de film, ou un grand roman et chaque scénario est mis en scène afin de nous maintenir dans la conviction que le monde existe tel que nous le percevons, avec des événements se déroulant de manière logique, naturelle et normale. En fait, nous sommes acteurs dans un film très captivant de notre choix. Nos covedettes ont, elles aussi, choisi de jouer dans notre production. Ainsi nous nous sommes tous mis d'accord pour maintenir l'histoire en vie, et le scénario est tellement fascinant que nous ne prendrons jamais la pause nécessaire pour nous demander s'il existe autre chose en dehors de ce film.

Ce que nous ne réalisons pas, c'est notre pouvoir d'arrêter, en tout temps, et dire que nous ne désirons plus jouer tel rôle dans telle histoire. Nous croyons que nous cesserons d'exister si notre personnage est retiré du scénario et c'est pourquoi nous choisissons de continuer. Qu'y a-t-il d'autre, s'il ne reste plus de « moi » dans son rôle parmi ses covedettes dans la vie ? Lorsque nous ne tenons plus à notre rôle dans notre histoire imaginaire, nos covedettes auront, elles aussi, un choix à faire. Elles devront choisir soit de se trouver un autre acteur pour nous remplacer et continuer de jouer leurs rôles, ou bien s'arrêter net et reconsidérer. Par exemple, quelqu'un dira à l'autre, « tu as cessé de jouer ton rôle. Je remarque que tu n'es plus très intéressée par le mélodrame, tu sembles plus paisible. J'aimerais bien en faire autant, mon scénario ne m'apporte plus rien désormais, surtout pas de la paix et de la joie. Il y a peut-être une meilleure façon de vivre. Notre conversation m'a ouvert les yeux, merci. » Dans ce cas, notre décision d'arrêter de jouer notre rôle dans la vie rêvée aura aidé un frère à se demander ce qu'il pourrait y avoir au-delà de son rêve.

La vie est notre école

Jésus est un enseignant très pratique. Sachant bien qu'il ne pourrait jamais nous envoyer tous au monastère ou nous asseoir aux pieds d'un maître éveillé, il nous a donné un enseignement qui peut être étudié et appliqué dans notre vie quotidienne. La meilleure place pour commencer notre voyage de retour chez nous est là où nous croyons être, dans nos corps, auprès des membres de nos familles, avec des liens spécifiques, avec nos histoires personnelles. Pour rentrer chez nous, nous devons avoir les pieds solidement plantés ici, maintenant, prêts et disposés à examiner nos anciennes croyances sur nous-mêmes et sur le monde. Ainsi ancrés, nous pouvons faire les premiers pas vers notre éveil. Notre scénario de vie devient notre classe.

Jésus n'est pas seulement pratique, il maîtrise également les connaissances les plus utiles pour enseigner à des chercheurs hyperactifs, facilement distraits, matérialistes, individualistes, autonomes, récalcitrants à devenir saints. Nous avons émis un appel à l'aide et même si le *Cours en miracles* nous semble plus exigeant que nous ne le pensions, Jésus nous a donné une spiritualité d'une grande efficacité dont les effets sont rapides. En réponse à la question, « quels changements sont requis dans la vie des enseignants de Dieu? » Jésus nous a répondu que les modifications doivent se faire dans *l'esprit* de ses enseignants. S'il nous demandait d'apporter des changements importants dans nos vies, nous ne suivrions pas ses leçons. D'ailleurs, s'il nous avait demandé de modifier nos modes de vie, nos occupations ou tout autre rôle joué dans le monde, cela validerait que nos actions aient de l'importance. Le Cours affirme le contraire. Il ne s'agit jamais de ce que nous faisons dans le monde,

12. L'école de la vie

mais bel et bien de ce qui se passe dans notre esprit : soit que nous regardons par la lentille sombre du jugement et de la séparation ou bien, nous regardons avec la Vision du pardon et de l'Unité.

Il n'est pas rare qu'en réalisant combien le Cours soit pratique et que ses leçons doivent être appliquées aux circonstances de la vie ordinaire afin d'atteindre son objectif, certaines personnes réagissent en essayant de modifier leurs scénarios. Les plus radicaux diront : adieu boulot, vendons tous, nous partons en voyages, et ils laisseront derrière eux des moitiés de couple, voire des familles entières. L'explication la plus plausible de ce phénomène n'est pas une crise d'illumination soudaine ; au contraire, il s'agit d'une attaque de panique remontée des profondeurs inconscientes et remuée par le désir de voir sans peur les sombres profondeurs sous la surface. Le Cours insiste beaucoup sur la guérison dans les relations et l'ego, devant ces efforts, tentera de nous faire quitter certaines relations, construites et cultivées tout au long de notre vie. C'est l'exercice du pardon qui est au cœur de cette démarche et, plus particulièrement, le pardon des relations que nous avons connues au cours de nos vies. Pour gagner du temps, l'ego enrayera les unes après les autres, les occasions dans lesquelles nous aurions pu apprendre.

Nos vies sont des écoles, car nous nous y sommes « caché » de la vérité. Au moment où nous cherchons à altérer nos vies, nous ne réalisons pas que leurs scénarios nous maintiennent dans l'illusion et que, parallèlement, ces mêmes scénarios nous en extirperont le plus rapidement possible quand nous les regarderons à la lumière guérissante du Saint-Esprit. Aussi longtemps que nous tenons à notre caractère unique et exceptionnel, nos scénarios sont au service soit de l'ego, soit du Saint-Esprit. Quand l'appel du changement se fait trop insistant, il est utile de prendre le temps pour distinguer de quel enseignant provient l'impulsion. Changer une vie sans vraiment comprendre sa fonction fait bouger des choses dans le rêve, mais risque de ne pas nous ramener chez nous. C'est en changeant la fonction de nos vies que le changement véritable devient possible.

Si l'on nous demandait de changer quoi que ce soit dans nos vies, les choses deviendraient certes plus compliquées et nous savons déjà que la complexité est l'affaire de l'ego. Pourquoi nous compliquer encore plus la vie ? Utiliser nos vies avec ses objets familiers de projection simplifie grandement le processus. Tout ce qu'on nous demande est de choisir le bon enseignant. Il y a toujours deux manières de voir : celle de l'ego qui rend la vision glauque, ou celle du Saint-Esprit qui porte notre pensée vers la lumière. La version de l'ego est toujours un mensonge et nous devons apprendre à ne pas lui prêter attention afin qu'il se taise et nous laisse libres de choisir. Le Saint-Esprit nous demande de regarder et de demander quelle est la vérité. Lorsque nous abandonnons la fonction de particularité et de séparation de l'ego, nous sommes libres de choisir la fonction de paix et d'entièreté du Saint-Esprit. Nous devons cependant choisir l'un ou l'autre, mais pas les deux.

Vivrons-nous des changements après avoir entrepris le Cours ? Peut-être, ou peut-être pas. Cependant, il est probable d'opérer quelques changements par nous-mêmes. Le mouvement commun tend vers une vie plus tranquille et plus simple afin de favoriser l'écoute du guide intérieur et maintenir la paix. Personne ne nous force à faire ces changements et ils ne sont pas nécessaires à la pratique du Cours. Ils reflètent nos préférences personnelles et ces changements peuvent se modifier avec les années, tout comme nos intérêts et nos goûts d'ailleurs.

Une autre erreur commune chez les chercheurs spirituels est d'essayer de vivre comme leurs saints et leurs maîtres préférés. Bien que nous ayons beaucoup à apprendre de ceux qui nous précèdent, ce ne sont pas eux qui marchent dans nos chaussures et nous ne marcherons jamais dans leurs sandales. Il est impossible d'assouvir une faim en regardant une personne consommer un mets délicieux, et il est peu probable que nous rentrions chez nous en appuyant sur « Maison » dans le GPS de quelqu'un d'autre. Attrapons par-ci par-là des bribes de compréhension et appliquons-les dans notre quotidien. Quand un enseignement ne nous interpelle pas, nous pouvons le mettre de côté et en laisser montrer un autre qui résonne. Il n'y a pas d'échec ici ; les enseignements ne sont pas faux non plus ; les enseignements qui ne résonnent plus ont rempli leur fonction. La même chose peut être dite du *Cours en miracles* : cherchons les passages qui atteignent notre pur esprit et ne perdons pas de temps à débattre de leur sens avec les autres. L'esprit est silencieux ; tentons de faire l'expérience de la vérité derrière les paroles.

Il y a autant de parcours de retour qu'il y a de rêveurs qui croient avoir quitté le Tout, autant de parcours possibles, dans un rêve basé sur les différences. Le lieu que nous appelons « chez nous » est fait de multiplicités, il y aura donc abondance de parcours pour le retour vers la paix. C'est notre périple et nous procédons à notre propre rythme. Nous n'avons, en réalité, qu'à garder à l'esprit que nous sommes tels que Dieu nous a créés : aimés, entiers depuis toujours et pour toujours, et l'apprentissage en est un doux rappel. Si nous éprouvons autre chose, c'est que nous avons choisi de continuer dans le rêve. Combien de temps voulons-nous retarder le retour inévitable à la santé d'esprit ?

Une journée typique à l'école

Notre vie est notre salle de cours permanente, ce qui signifie que nous sommes à l'école du moment de notre réveil le matin jusqu'au lendemain matin. Si, pendant la journée, nous perdons la paix, c'est que nous avons pris le mauvais autobus scolaire ce jour-là. Jetons un coup d'œil au conducteur. Quand nous sommes frustrés, impatients, enragés ou que nous nous sentons maltraités—encore une fois—quand nous sommes agités, c'est que nous avons répondu à l'invitation matinale de l'ego. Comme il n'existe aucune hiérarchie dans les illusions, peu importera que nous perdions un emploi, que nous trébuchions sur la chaise laissée au milieu de la place, être dérangé sert à nous retirer la paix.

L'ego dira, la paix n'est pas un état souhaitable, et même, elle est carrément ennuyeuse. Trouvons des activités plus intéressantes, plus excitantes et dignes de remplir sa journée, telles des situations qui me feront me sentir spécial, exclusif, victime, en colère, blessé même, en autant que j'arrive à ressentir des sensations qui valident mon existence d'individu séparé. L'ego n'est pas préoccupé par la forme des divertissements ; il les utilisera tous pour nous prouver que nous avons raison et que l'autre a systématiquement tort. Nous sommes innocents, les autres, coupables. Quelle bonne journée, dit l'ego, lorsque nous rentrons tard le soir, fourbus et découragés parce que le monde a encore conspiré contre nous. Comment se sentir autrement ?

Au premier doute sur le bus du matin, faisons-le arrêter et descendons. Nous avons toujours le pouvoir de choisir le conducteur. Ce pouvoir doit nous appartenir. La vie est notre salle de cours et nous choisissons ce que nous en retiendrons. Ce sont les situations les plus anodines et familières dans les scénarios bien ficelés de notre ciné-vérité qui façonnent les meilleures leçons de vie. Retrouvons une citation préférée du Cours ou lisons un texte inspirant qui nous remettra sur les rails. Il n'y a réellement aucun besoin de continuer à analyser ce qui nous dérange ; nous sommes dérangés parce que nous suivons le mauvais enseignant, c'est tout. Nous changeons d'enseignant. Fin du problème. La paix revient. La prochaine fois que l'ego nous lancera une invitation fascinante, remercions-le et disons-lui, non, je préfère la paix. Ce processus représente la partie très pratique du cours. La pratique nous fait avancer sur le chemin du retour.

Je ne suis jamais dérangé pour la raison que je crois.
Je pourrais voir la paix au lieu de ceci.
Pardonne et ceci disparaîtra.

13. SOYONS LA RÉPONSE

La seule contribution signifiante qu'un guérisseur puisse faire, c'est de présenter l'exemple de quelqu'un dont la direction a été changée *pour* lui et qui ne croit plus à aucune sorte de cauchemars. (T-9.V.7:4)

Prière de ne pas me proposer une nouvelle religion !

Dans ma vie professionnelle et dans tous les réseaux où j'ai rencontré des milliers de personnes, je n'ai jamais entendu quiconque faire la demande d'une nouvelle religion ; cela me réconforte, car je crois que le monde en contient bien assez. Heureusement, le Cours en miracles n'est ni une religion, ni un culte, ni une église. Le Cours est un manuel spirituel tout inclus pour l'entraînement de l'esprit. Il est conçu afin que nous puissions en faire une étude indépendante et autonome et même, sans que personne autour de nous ne s'en rende compte. Pratiquer diligemment le Cours apporte une paix intérieure, par conséquent, les amis, les collègues et les membres de nos familles constateront peut-être que nous sommes plus aimables et plus heureux et qu'ils ont du plaisir à nous côtoyer. Personne n'a besoin de savoir que nous sommes à cultiver le pardon, ou que nous recherchons la présence de Dieu dans chaque rencontre avec un frère ou une sœur.

Il est fréquent de vouloir partager nos nouveaux savoirs, l'erreur est d'essayer de persuader les autres à nous accompagner. J'ai perdu deux de mes meilleurs amis et plusieurs clients à cause de mon enthousiasme sincère, mais excessif. Si j'en avais su le coût, j'aurais gardé ma nouvelle découverte pour moi. D'ailleurs, je n'avais aucune idée du contenu du Cours, alors comment pouvais-je juger à qui il conviendrait ? J'ai appris à avoir pleinement confiance que nous obtenons toujours des réponses de Jésus ou du Saint-Esprit lorsque nous demandons à voir les choses autrement. C'est leur fonction ; la mienne est d'être un exemple du message. Le Cours est apparu dans le monde à l'aube de l'ère de l'information, et il est traduit dans plusieurs langues. Il est donc fort probable qu'il se retrouve entre les mains de ceux qui en ont besoin.

À l'instar d'oeuvres avant-gardistes et révolutionnaires, le *Cours en miracles* est en avance sur son époque. Son efficacité en tant que voie vers l'éveil ne sera peut-être pas reconnue avant plusieurs années, pour la simple raison que les concepts de base sont tellement au-delà de ce que nous pouvons appréhender dans notre état de sommeil, que très peu de gens peuvent reconnaître et encore moins apprécier toute la teneur du message. Ce message diffère énormément de l'enseignement que nous avons reçu sur la réalité et les origines de l'existence ; cela peut prendre plusieurs années d'étude avant de commencer à en réaliser le sens. Ce qui est intéressant, c'est la nouveauté par rapport à nos connaissances familières ; le Cours est prometteur, puisque très peu de nos enseignements actuels mènent à une expérience complète de paix.

Étant la première génération d'étudiants spirituellement affamés du Cours, nombreux d'entre nous sommes entrés dans les enseignements tête baissée. Tels des pionniers spirituels maladroits, nous nous sommes ouverts de bon cœur à une spiritualité située bien au-delà de nos attentes. Certains sont demeurés fidèles à son message, avec ses concepts puissants et intransigeants conçus pour défaire l'ego, tandis que d'autres l'ont modifié pour le rendre plus facile à digérer. Voilà qui est normal au cours des premières années, alors que nous trouvons nos repères et tentons de comprendre un système de pensée conçu pour défaire l'ancien système de pensée de la séparation. Des interprétations et des adaptations apparaîtront, puis disparaîtront, mais le message essentiel du Cours ne changera jamais : Dieu n'a rien à voir dans le monde que nous percevons ; le monde tel que nous le percevons n'est pas notre réalité véritable ;

13. Soyons la réponse

dans notre état d'ignorance, nous ne voyons que ce que nous désirons voir, soit une projection d'un système délirant, par ceux que la culpabilité a rendus fous. La vérité est que nous n'avons jamais quitté notre demeure dans le Royaume des Cieux, et rien d'autre que Dieu n'existe, ici, maintenant.

Au début, nous chercherons à trouver les aspects du Cours qui nous parlent parce qu'ils sont en résonnance avec l'époque et avec ce qui nous semble familier. Plusieurs, et même la majorité des étudiants, ignoreront ou bien ils passeront outre les énoncés moins flatteurs pour l'ego, certains iront jusqu'à transposer les enseignements en concepts qui résonnent avec une vérité qu'ils désirent. Peu importe l'approche, chacun obtiendra ce qui lui convient au moment approprié.

Pour la plupart des personnes appelées à suivre le chemin du retour, une première étape consiste à trouver l'enseignant approprié ; quel enseignant pourrait s'avérer meilleur qu'un enseignant éveillé ? En réponse à notre appel à l'aide, Jésus nous a donné *Un cours en miracles*, une spiritualité à la fine pointe, qui comprend toutes les instructions nécessaires pour réussir, des explications élaborées, des exercices quotidiens ainsi qu'un plan. Avec l'étude, l'apprentissage et l'application pratique assidue, le Cours nous ramènera chez nous. Notre choix d'enseignant et de curriculum reflètera le but que nous nous serons fixé.

La plupart d'entre nous qui sommes engagés dans une quête spirituelle quelconque, n'ont pas trouvé les mots « Dieu est » suffisamment convaincants pour nous ramener jusqu'au Ciel. Jésus, dans sa sagesse éternelle, est un frère qui a tout compris, toujours prêt et désireux de nous aider, et il nous a offert une profusion de mots en prévision de nos nombreuses questions, de notre peur profonde, et de notre résistance. Il suffira d'ouvrir le gros livre bleu et d'y trouver des réponses à toutes nos questions. Ceci ne veut pas dire qu'il est obligatoire de lire, de mémoriser ou de comprendre chaque mot. Cela signifie seulement que tant que nous aurons besoin de mots, accrochés à nos questionnements, à nos objections, à nos doutes, à notre résistance et au besoin d'avoir raison, nous trouverons dans le Cours les mots concernant nos préoccupations. Plus que tout, il faut faire l'expérience de la vérité. Les mots ne peuvent pas décrire adéquatement une expérience donnée ; nous devons la vivre. Le Cours guide avec douceur. Finalement, aucune parole ne sera plus nécessaire ; l'amour, cette expression de notre nature véritable, est, tout simplement.

Le *Cours en miracles* est un livre. Un gros livre. Néanmoins, il est aussi un bloc d'arbres abattus, tranchés au millimètre en pages très fines, remplies de mots écrits à l'encre. Il en contient beaucoup - près d'un demi-million de mots – sans doute bien plus que n'importe quel chercheur spirituel a envie de lire. Ce même livre nous dit que les mots ne sont que des symboles de symboles. Pourtant, voilà, 600 pages et plus pleines de symboles de symboles. Mais il y a une bonne raison. Nous ne sommes pas prêts à accepter la vérité, car alors deux mots suffiraient : Dieu est.

Le Cours n'est pas un livre saint ; rien de ce monde n'est saint et le Cours fait partie de l'illusion. La seule partie sainte du Cours est son message de pardon. Le reste du Cours est un enseignement visant à éliminer la peur de l'unique chose dont nous manquons : l'Amour de Dieu. Ce n'est pas l'étude du Cours qui nous ramène au Ciel, mais bien la pratique de son enseignement. Il est essentiel de comprendre la base et de faire de notre mieux pour l'appliquer, sinon, *Un cours en miracles* n'est qu'un tas de pâte de papier usiné à partir d'un arbre abattu.

Un cours en miracles est simplement un véhicule vers une destination. Son but est de nous faire reconnaître la nature de notre esprit divisé, et éventuellement le guérir. Dans un premier temps, il nous est demandé de différencier les choix de notre esprit faux et ceux de notre esprit juste. Le Cours nous aide à reconnaître nos choix, tout en nous rappelant que, en tout temps, nous avons toujours un autre choix. Un étudiant dispose de plusieurs voies de retour et le Cours en est une parmi des milliers. Le retour véritable est la destination finale du parcours, c'est la pleine reconnaissance que nous n'avons jamais quittée le Royaume des Cieux. Le voyage vers notre demeure n'est jamais à propos du voyage.

Jésus ne nous demande ni d'étudier, ni de mémoriser, ou de régurgiter le contenu du Cours. Il ne nous exhorte pas à partager La Parole, de convertir qui que ce soit à cette spiritualité révolutionnaire. Il ne nous demande même pas de changer nos vies. Il nous fait savoir qu'il a besoin d'élèves qui pratiquent les enseignements du Cours dans leur quotidien pour devenir des exemples qui voient autrement. C'est sa seule requête envers nous. Nous pourrions y passer le reste de nos jours.

> N'enseigne pas que je suis mort en vain. Enseigne plutôt que je ne suis pas mort en démontrant que je vis en toi. (T-11.VI.7:3-4)

Démontrer par l'exemple

Le monde abonde d'experts et de prédicateurs qui conversent dans le cyberespace et partout sur notre planète. On y enseigne l'amour, le pouvoir du pardon, les vertus de l'amabilité et, imprégnés de toutes les croyances confondues, nous prions ensemble pour la paix. Nous n'avons aucun besoin d'une autre religion, cependant, nous avons besoin d'exemples faisant valoir une autre façon de regarder et d'agir au quotidien. Ce monde a besoin de gens ordinaires qui vaquent à leurs tâches habituelles et font leur travail en s'engageant totalement dans la nouvelle façon de regarder : ils oublient de voir l'écart entre leurs intérêts et ceux de leur frère. Ce faisant, ils sont l'exemple du message de l'unité. Le monde a besoin de personnes inspirant les autres par leur nature paisible, et non par leur réussite mondaine, leur ambition, leurs savoirs spirituels ou métaphysiques. Nous avons besoin de gens qui, par leur absence de jugements, illustrent qu'aucune différence n'existe entre nous tous, peu importe la situation dans laquelle on se trouve. Le monde a besoin de pardon véritable, c'est l'acte le plus proche de l'expression de l'Amour de Dieu.

Les personnes aimables et en paix qui ne profèrent aucun jugement attireront probablement davantage de gens au message d'*Un cours en miracles* que parce qu'ils voudront la même expérience. Ils diront : j'en veux. Ils diront qu'il est apaisant d'être en leur compagnie et leur demanderont peut-être même s'ils sont nés comme ça. La personne paisible répondra : « Ah non, pas du tout. J'étais morose et très stressée. Je vivais tout le temps vexée, quoi ! Et puis un jour, je suis tombée sur un gros livre bleu… »

Cet échange illustre en quoi consiste le témoignage par l'exemple. Vivons le message de l'entièreté et il se répandra vers ceux prêts à le recevoir. Chacun trouvera sa propre voie, avec le Cours ou un autre enseignement, peu importe. Le message du Cours est déjà inscrit au fond de chacun de nos esprits : choisir autrement, en compagnie du Saint-Esprit, nous mène à ressentir de plus en plus la paix. L'amour, la bonté, le pardon et la paix n'ont pas besoin d'être enseignés. Nous avons déjà tous connu les effets heureux d'un geste désintéressé et personne n'a besoin de nous prêcher des mythes à ce propos. Personne n'a besoin d'étudier ni d'apprendre l'amour parce que l'âme apaisée le connaît déjà très bien. Ce monde a besoin de gens qui *vivent* le message.

Dans l'écriture de fiction bien faite, il faut illustrer plutôt que décrire. L'objectif est d'inclure, de dissoudre dans l'histoire les enseignements par les actions posées. Par exemple :

Raconter
En revenant du bureau du dentiste en bus, Bill a cédé sa place à une dame âgée.

Illustrer
Bill s'effondra côté allée sur le seul siège vacant du bus. Sa mâchoire explosait de douleur jusque dans ses orteils. Il haïssait devoir aller chez le dentiste. Ce satané doc Tremblay lui trouvait toujours une petite carie, ce qu'il attribuait à sa génétique. Cette fois-ci, il lui avait extrait une dent et toute sa paie de la semaine. L'autobus s'arrêta

13. Soyons la réponse

à une intersection achalandée et plusieurs personnes montèrent à bord. Il n'avait pas remarqué la personne debout près de lui avant qu'elle ne se tourne dans sa direction. Un instant lui a suffi pour voir la profonde tristesse dans ses yeux et le poids du monde sur des épaules. La douleur dans sa mâchoire a perdu son emprise et il se retrouva en train d'offrir sa place.

« Voici, » dit-il, en agrippant le dossier du siège devant lui pour se lever. « S'il vous plaît », insista-t-il. Voyant que la femme allait protester, il lui dit, « Prenez ma place. Je descends bientôt. » C'était faux, mais il savait qu'autrement, elle n'accepterait pas la place. Souriant, en lui offrant le bras, Bill a perdu toute sensation de douleur.

Quand racontons-nous et quand illustrons-nous le message du Cours par sa pratique concrète? Il en va de même pour tout autre enseignement. Sommes-nous des exemples vivants de pardon, d'intérêts partagés sans jugement avec les autres? Le conducteur de l'autobus scolaire qui attend patiemment et paisiblement dans un bouchon sifflant une chansonnette au lieu de râler contre l'embouteillage, enseigne aux enfants que la patience est un meilleur choix ; l'opérateur d'usine, paisible qui ne juge pas ses collègues en retard, enseigne que nous sommes semblables ; le patron calme qui vous écoute l'esprit grand ouvert, celui-là illustre l'acceptation.

Au lieu d'enseigner l'amour, soyons doux et aimants avec chacun y compris avec nous-mêmes. Au lieu de prêcher le pardon, choisissons de voir notre frère sans jugement, incluant votre belle-mère grincheuse. Au lieu de prier pour la paix, soyons la paix que nous désirons, même avec un adolescent capricieux. Ce que nous faisons dans le monde n'a aucune importance ; ce que nous pensons, oui. Ainsi, en voulant acquérir davantage de biens personnels, en voulant avoir le dernier mot, en voulant nous distinguer, et en alimentant notre particularité, nous donnons préséance au monde de l'ego. Si nous vivons dans le monde, accompagnés du Saint-Esprit, avec une attitude de pardon, avec gentillesse et amour, en ayant les intérêts de tous à cœur, nous nous unissons sur le chemin du retour. De cette façon, nous ne rendons pas le monde plus réel, mais nous l'utilisons pour déconstruire le système de pensée de l'ego. Nous allons rentrer chez nous ensemble ou pas du tout. Ainsi, chaque rencontre nous offre un moyen de nous unir. Chaque réunion nous rapproche du Royaume des Cieux.

Soyons amour ici et maintenant

L'extrait suivant provient d'un article posté sur mon Blogue en réponse au « buzz » autour de l'arrivée de 2012. C'était un simple appel pour choisir différemment, et redonner à tous le pouvoir de décider. Je l'inclus ici pour celles et ceux qui chercheraient une voie pratique pour développer leur conscience et aussi pour faciliter l'expression de l'amour en eux-mêmes.

Prenons un instant pour examiner notre journée jusqu'à présent. Avons-nous traité tous nos semblables avec le plus haut degré de respect, de dignité, et d'amour ? Le clochard, assis sur le trottoir, votre fille qui vous annonce ne plus vouloir fréquenter l'école, un patron irritable et impatient, un époux de plus en plus distant, ces imbéciles dans la circulation le matin, un partenaire d'affaires fainéant et irresponsable, la serveuse qui vous sert le mauvais café ? Est-ce que nos rencontres de la journée ont suscité des pensées de jugement, de critique, d'irritation, d'impatience, manquant d'amour ? Est-il survenu quelque chose causant la perte de notre paix ? Si la réponse est oui, ce ne sera pas nécessaire de nous projeter vers 2012 ; oublions le futur. Il y a du travail à accomplir ici, maintenant.

Plusieurs pensent qu'à cause de la croissance rapide et l'abondante diffusion d'enseignements spirituels, une ère éclairée est à nos portes. Ils n'ont pas tout à fait tort, le potentiel existe. Cependant, à moins que les enseignements soient intériorisés et choisis en pleine conscience, vécus par leurs étudiants, nous nous retrouverons plutôt dans un « bruit » spirituel. La spiritualité véritable est du pur esprit ; l'éveil est l'affaire de l'esprit.

D'un point de vue non dualiste comme dans l'Advaita Vedanta et le *Cours en miracles*, ce que nous voyons dans le monde relève

13. Soyons la réponse

de notre croyance de la vérité ; et puisque seule la parfaite unité est vraie, ce que nous percevons, qui n'est pas entier est, par extension, faux. Nous avons intérêt à regarder nos croyances. Il faut un changement perceptuel pour que survienne un changement de conscience ; il est essentiel de le désirer et ensuite, faire tout ce qu'il faudra pour accueillir ce nouveau point de vue. Le changement n'a rien à voir avec ce qui se passe dans le monde ; souvenons-nous, le monde tel que nous le percevons est le reflet de notre esprit.

Alors que les systèmes de pensée prolifèrent partout dans le monde, il est naturel que des mécanismes de défense de plus en plus rusés leur fassent obstacle. C'est tout à fait normal ; l'ego utilise le monde pour nous empêcher de regarder à l'intérieur de nous-mêmes, là où réside la vérité de notre unité. Plus nous sommes préoccupés par des activités dans le monde, incluant nos poursuites spirituelles, moins nous sommes susceptibles de trouver la vérité. La guerre, les désastres et la souffrance détournent notre esprit vers l'extérieur et renforcent le sentiment d'être victimes de forces au-delà de notre contrôle tel Dieu, les transits des planètes, les idéologies politiques, l'économie, les calendriers...

Il existe deux manières de voir le monde et une seule est vraie ; soit nous regardons avec les lunettes fumées de l'ego, soit nous regardons dans la lumière de la Vision. Il y a des expressions d'amour, ou des appels à l'amour. Devant une situation qui n'est pas l'expression de l'amour, la seule et unique réponse spirituelle est l'amour. Réagir autrement, c'est perpétuer la croyance que nous pouvons être ce qu'il est impossible que nous soyons. La seule et unique manière de changer le monde est de regarder en nous et d'éliminer les blocages à la présence de l'amour.

Nous avons toujours le choix de l'interprétation d'une situation, et à répéter nos choix, nous développons des habitudes. Nous nous habituons à voir l'amour en tout, ou alors, nous continuons à voir les problèmes, les délits, le manque, la souffrance et la douleur. Ici et maintenant nous avons le pouvoir de créer une nouvelle habitude. Nous pouvons apprendre à voir nos frères sans juger, avec amabilité, acceptation, pardon, et nous verrons qu'il s'agit toujours d'une expression d'amour ou d'un appel à l'amour. La bonne réponse est toujours l'amour. Le choix nous appartient.

Il ne faudra pas s'attendre à ce que tous nos frères et nos sœurs adoptent le même point de vue ; cela n'aurait aucune importance. Plus tôt nous choisirons de voir la vérité, plus tôt ils auront un meilleur exemple d'une autre façon de regarder, mais plus encore, ils auront une personne de moins avec qui être en conflit. N'étant plus dans l'arène, aucun combat n'est possible. À présent, choisissons la paix et soyons la réponse. Avec de plus en plus de personnes éveillées à sa véritable nature, l'humanité sera inspirée à trouver des réponses et des solutions à nos défis apparents, de manière plus éclairée.

Le temps est arrivé pour dire « non » au rêve de séparation et de conflit, pour nous réveiller une fois pour toutes à notre nature véritable. L'amour est au cœur de nos êtres ; c'est notre droit de naissance. Nous pouvons décider que le temps est propice pour connaître et vivre la vérité parce qu'elle est là, déjà en nous. Ici même, maintenant. Voilà un changement de perception radical ! C'est notre choix ; ici, maintenant. La paix ne surviendra pas automatiquement ; cependant, elle attend d'être réclamée. Sommes-nous prêts à décider que la paix nous conviendrait mieux ? À préférer l'amour comme seule expérience ? Lorsque nous choisissons en ce sens nous permettons à un miracle de survenir.

14. QUE TA VOLONTÉ SOIT FAITE

> N'oublie pas qu'une fois ce voyage commencé, la fin est certaine. Le doute en cours de route viendra puis s'en ira, et s'en ira pour revenir encore. Or la fin est sûre. Nul ne peut manquer de faire ce pour quoi Dieu l'a désigné. Quand tu oublies, souviens-toi que tu vas avec Lui et avec Sa Parole sur ton cœur. Qui pourrait désespérer quand un tel espoir est sien ? Des illusions de désespoir peuvent sembler venir, mais apprends comment ne pas être trompé par elles. Derrière chacune d'elles il y a la réalité et il y a Dieu. Pourquoi attendrais-tu cela et l'échangerais-tu contre des illusions, quand Son Amour n'est qu'un instant plus loin sur la route où finissent toutes les illusions ? La fin *est* sûre et garantie par Dieu. Qui se tient devant une image sans vie alors qu'à un pas de distance, le Saint des Saints ouvre une ancienne porte qui mène au-delà du monde ? (C-ep.1)

Nous avons presque tous appris que Dieu a créé le monde et qu'Il est assurément au courant de tout ce qui s'y déroule. Le moment est venu d'examiner ces anciennes notions si nous voulons aller au-delà de l'illusion. Nous pensons à Dieu comme à un père qui surveille et parle à ses enfants. On nous a appris à le prier et qu'Il nous entendait. Nous croyons aussi que lorsqu'Il ne répond pas à nos prières, c'est qu'Il a des visées plus élevées pour nous ; selon notre apprentissage traditionnel, Il nous forme dans la souffrance. Nous devons l'en remercier en faisant preuve de gratitude et d'humilité.

Mais le dieu dépeint dans ce monde, qui n'est rien de plus que la version de l'ego de dieu est bipolaire : clément une journée, courroucé le lendemain ; qui pratique le favoritisme, nous accueille au paradis, puis nous en expulse pour une peccadille commise par un ancêtre. Ce dieu est froid, insouciant et laisse souffrir ses enfants, et, finalement, il nous laisse mourir. En plus de ne pas être entier, il n'est pas vraiment aimable. De toute évidence, ceci n'est pas et ne peut être le vrai Dieu. Ce n'est pas le genre de dieu vers qui je voudrais revenir ; ne serait-il pas mieux de continuer à risquer ma vie dans le monde ? Si le dieu avec lequel nous sommes habitués n'est pas le vrai Dieu, comment est Dieu ? Comment faire pour Le connaître ? Comment rentrer à ma vraie demeure au Royaume des Cieux ?

Comme le voulait la coutume parmi les bons catholiques, tous les dimanches nous nous faisions beaux et nous assistions à la messe dans une des églises du quartier. Pour moi, ces sorties représentaient des moments de rêveries tranquilles, mais je me souviens m'être posé la question, Dieu était-Il dans toutes les églises simultanément ? En plus, il y avait des églises partout dans le monde ; c'était beaucoup d'églises à visiter pour un seul Dieu ! Et avec toutes ces personnes qui lui offraient des prières, partout dans le monde et dans toutes ces langues différentes, comment pouvait-il répondre aux prières du monde entier ? Il devait être très occupé, ai-je conclu, certainement trop occupé pour moi, heureusement que je n'avais encore rien de grande importance à demander.

Ce n'est que tard dans l'adolescence, au début de la vingtaine, lorsque j'ai commencé à ressentir la nuit obscure de la distance entre moi et Dieu, que je me suis tournée vers Dieu en prière. Mais je n'ai pas ressenti Sa présence. On m'avait enseigné qu'Il était là, dans un Ciel lointain, mais malgré le fait qu'Il m'apparaissait loin, je m'accrochais à l'idée qu'Il existait quelque part, mais tout simplement pas pour moi. J'en ai conclu qu'il était trop occupé avec des choses beaucoup plus importantes que ma minable misère insignifiante.

On dirait bien que ces visites à l'église de mon enfance ont été ressuscitées sous forme de leçons du dimanche sur la façon de vivre en la présence de Dieu. Encore une fois, un dimanche après-midi, je me suis sentie appelée à explorer ce qu'il pouvait y avoir au-delà de l'illusion. Lorsque je n'étais pas préoccupée par des tâches intellectuelles, j'avais pris l'habitude de tranquilliser mon esprit, d'entrer

14. Que Ta volonté soit faite

dans un état méditatif, et d'écouter mon guide intérieur. Ce jour-là, après avoir terminé la rédaction de mon bulletin d'information, fait cuire des biscuits au gingembre pour notre session d'étude du Cours du jeudi soir (pour grignoter en prenant mon thé de l'après-midi, je l'avoue) et complété deux lessives, j'ai décidé de méditer. Je n'avais plus aucune tâche devant moi, mon dos avait besoin d'une pause ; le moment était donc idéal pour me tourner vers Dieu.

Ce weekend particulier, je n'avais pas été capable d'écrire un mot. C'était rare. On aurait dit que j'avais besoin d'apprendre quelque chose avant de pouvoir procéder. Dans un rêve, la nuit précédente (ou, en était-ce un?) on m'avait donné des instructions à propos de mes écrits qui m'avaient laissée un peu troublée. D'une voix très claire, Jésus m'a informée que je devais corriger encore plusieurs passages. C'est la fermeté de la requête qui m'a perturbée ; même que j'ai eu peur pour ma loyauté envers mon enseignant. J'ai immédiatement entendu que si j'avais peur, c'était que je cheminais avec l'ego. Si je portais attention avec mon esprit juste, il ne pourrait y avoir aucune peur, il y aurait seulement de la paix. Toujours un peu secouée, je me suis tournée vers mon esprit juste et je me suis mise en marche pour une journée la plus paisible possible, tout en gardant la clarté de ce message bien présente dans mon esprit.

Je n'avais médité que quelques minutes quand je me suis sentie appelée à sortir et faire une promenade. J'ai donc acquiescé à cette demande claire de mon esprit. Il faisait froid, alors je me suis habillé chaudement. Je me préparais comme d'habitude avec de l'argent et un sac, mais j'ai reçu l'instruction de laisser ma liste de courses à la maison. Je devais prendre seulement mes lunettes et mon magnétophone, malgré le fait que je doutais avoir à l'utiliser, mais pas d'argent. Seulement ma clé. J'ai hésité un peu. Avais-je bien entendu? Mais qu'est-ce que ça pouvait faire si je m'arrêtais au magasin prendre quelques trucs ? Mes promenades quotidiennes comportaient toujours une variété de missions à exécuter dans le quartier: banque, épicerie, poste et bien sûr, mon parcours santé, et avant qu'on me dise de le laisser sur la commode, j'avais toujours mon MP3 pour écouter divers conférenciers du Cours. Ce jour-là, sortie de la maison, j'avais mes lunettes, mes clés et mes gants, et aussi, le magnétophone dont je ne me servirais probablement pas ce jour-là.

En marchant, je me suis mise à penser aux toutes premières leçons du Livre d'exercices pour étudiants, cherchant une meilleure compréhension de « l'in-signifiance » du monde que je vois. Qu'est-ce que cela voulait réellement dire ? Si le monde que je vois est in-signifiant, qu'est-ce qui est significatif ? *J'ai donné à tout ce que je vois toute la signification que cela a pour moi.* Cela veut dire qu'en tant que soi qui perçoit, indépendamment du Père, je vois les choses telles que je voudrais qu'elles soient. Ce que j'observais dans mon quartier se rattachait à une définition particulière que j'avais déjà accordée—un véhicule utilitaire sport que j'aurais préféré à ma berline, une cour avant transformée avec stationnement en forme semi-circulaire pouvant recevoir plusieurs visiteurs, une rénovation superbe qui doublait l'aire d'un bungalow tout petit—j'avais des mots pour décrire tout ce que je voyais.

Malgré que j'aie très bien apprécié la beauté tranquille de mon quartier résidentiel, je n'avais aperçu Dieu nulle part. Contrairement à mes promenades dominicales précédentes, plus je marchais et plus je notais des objets auxquels j'avais attribué mes propres significations, et plus je m'éloignais de Dieu. Dieu était absent de mes perceptions. Dieu n'existait pas dans le sens donné à tout ce que je voyais. J'ai commencé à me sentir perdue et seule, emprisonnée dans la noirceur du monde de la forme, remplie de pensées in-signifiantes à propos de choses in-signifiantes. *Mes pensées in-signifiantes me montrent un monde in-signifiant.*

C'était une journée ensoleillée, mais c'était le début de novembre et le soleil se préparait à disparaître à l'horizon. J'ai replacé mes lunettes soleil dans leur étui. Aujourd'hui, il n'y avait pas de larmes. Il n'y avait que la peur de ne plus jamais ressentir la présence de Dieu. *Un monde in-signifiant engendre la peur.* Ce que je voyais n'était pas vrai. Il s'agissait de l'illusion, un substitut de la

14. Que Ta volonté soit faite

vérité. *Dieu n'a pas créé un monde in-signifiant.* Alors, ce que je voyais était clairement in-signifiant. Où était donc Dieu ? Ce que je voyais cachait la vérité. Dieu est ici, maintenant. L'in-signifiance du monde est l'illusion qui cache la vérité. J'ai commencé à me sentir opprimée par l'in-signifiance de mes sombres perceptions. Il n'y a pas de lumière dans un monde in-signifiant.

C'est à ce moment que j'ai décidé de vouer le reste de ma vie à chercher le véritable sens de chaque expérience. Père, quelle vérité se trouve ici ? Où se trouve le Royaume des Cieux ? Je désirais laisser tomber les visières sombres de ma vision limitée pour percevoir la lumière ainsi que la vérité dans tout et dans chaque être. J'étais sur la route du retour vers chez moi quand j'ai croisé une dame que je rencontrais souvent lors de mes promenades quotidiennes. Elle était toujours accompagnée de deux ou trois jeunes enfants qui fréquentaient sa garderie et de ses deux chiens caniche, j'avoue, toujours propres, mignons et bien dressés. En hiver comme en été, je la voyais déambuler et jaser avec ses petits comme avec de grands amis. Pas de téléphone cellulaire pour cette dame ; seulement la dévotion et l'attention aux tout petits. Comme c'était un dimanche, j'ai pensé que la petite qui l'accompagnait devait être sa petite fille. Nous nous sommes salués amicalement et je lui ai dit que sa petite-fille était mignonne, et nous sommes reparties chacune de notre côté.

Ce n'est que le lendemain matin, après avoir terminé une ébauche de cette section, que j'ai réalisé avoir trouvé ce qui est significatif quand j'ai rencontré la dame, sa petite fille et ces chiens. La vérité s'était trouvée exactement là. Ce qui est significatif s'était trouvé exactement là. C'était l'amour. Tout le reste était in-signifiant. Le seul événement significatif de la promenade de la veille était le partage d'amour entre la grand-maman et sa petite, possiblement avec les chiens aussi. *Je plaisante. J'aime les chiens, réellement.* Plongée dans ce constat, je suis sortie dans la fraicheur du matin en direction de la banque. Cette fois-ci, j'ai apporté mon portefeuille et un sac ; c'était un lundi et j'avais des courses à faire. Mais cela ne m'empêchait pas de chercher la présence de Dieu. Quel sens véritable se cachait derrière ce que je voyais? Les maisons? Les voitures? Les arbres? Les feuilles mortes?

Je suis arrivée à la banque en même temps qu'un automobiliste. Contrairement à mon habitude, je n'ai pas accéléré le pas pour arriver dans la queue avant cette personne. La situation, jouée ainsi, aurait signifié une attitude gagnant-perdant et je n'avais aucun désir d'être en compétition avec mon frère. Je recherchais le sens véritable. Il m'est venu à l'esprit qu'en abandonnant toute pensée de compétition j'avais donné un nouveau sens à une rencontre entre frères, j'avais vu que nos intérêts étaient les mêmes. J'avais choisi l'amour. En quittant la banque, j'ai vu deux automobilistes essayer de se faufiler dans une place de stationnement et l'un d'eux klaxonnait avec impatience, mais je ne les ai pas jugés. Je pouvais toujours les aimer malgré leur choix d'être impatients. Je cherchais la vérité. Je cherchais Dieu. Je cherchais ce qui était significatif.

Tout à coup, j'ai compris. Dieu est dans mon esprit ! Dieu est présent lorsque je ne juge pas et lorsque je n'attaque pas mon frère. Dieu est dans mon esprit lorsque je choisis la paix. Dieu est dans mon esprit lorsque je constate que les intérêts de mon frère ne sont pas séparés des miens. Dieu est dans mon esprit lorsque je choisis l'amour ou lorsque je reconnais un appel à l'amour. Dieu est présent dans tout ce que je perçois lorsque je n'obstrue pas ma vision de la vérité et de l'amour par une illusion vide de sens. En route pour l'épicerie, j'ai souri, et j'ai encore souri. Il m'est même arrivé une fois ou deux de rire à voix haute. Dieu est dans mon esprit. Voilà la vérité. Dieu n'est pas là, dehors. Il est ici, maintenant. Dieu est dans tout ce que je vois parce que Dieu est dans mon esprit. Les premières fois que j'ai lu la leçon 30 du Cours, je n'ai pas pensé pour une seule seconde qu'elle pouvait être prise au pied de la lettre. *Dieu est dans tout ce que je vois parce que Dieu est dans mon esprit.* Dieu est dans mon esprit lorsque je choisis de regarder avec Sa vision.

Maintenant, si vous croyez que la partie de moi encore identifiée à l'ego raffolait de ces nouvelles expériences, pensez encore.

14. Que Ta volonté soit faite

En moins d'une petite heure, j'avais accepté l'invitation de l'ego lorsqu'une amie m'a demandé de l'aide. Je m'étais peut-être comportée comme il faut avec gentillesse, mais il ne m'a pas pris de temps pour voir que j'avais repoussé l'amour en offrant une solution rapide et pratique pour résoudre la situation. Enfin, ce n'était pas la situation qui faisait problème, c'était ma propre incapacité à faire confiance à mon frère. J'avais réagi par peur. Fini le sens véritable ; fini l'amour ; fini la proximité avec Dieu.

J'ai eu de la difficulté à m'endormir cette nuit-là, car j'étais déçue de moi-même pour avoir failli, encore une fois. Comment étais-je si rapidement et si facilement tombée sous le sortilège nébuleux de l'ego ? Le temps était venu d'avoir une autre conversation avec Jésus. « J'ai énormément de doute sur mon habileté à accomplir ce que tu veux que j'accomplisse, » lui dis-je, « je pense que tu as choisi la mauvaise candidate pour la tâche ». La réponse ne tarda pas à me parvenir.

« Tu es une candidate parfaite en raison de ta bonne volonté. Pourquoi en faire un si gros plat ? Tu es déjà dans le Royaume, c'est pourquoi tu es une bonne candidate, et tout le monde l'est également parce que tout le monde réside dans le Royaume. Tu es une excellente candidate parce que tu veux dévoiler ton entièreté. »

Je ne fus pas entièrement rassurée. « Pourquoi est-il important que je partage l'histoire de mes gaffes ? Et puis, j'ai des doutes sur la qualité de mon écriture. J'ai envie de retirer mes livres des librairies et d'aller travailler chez un fleuriste. »

« Attrape le magnétophone. »

Ce que je fis dans le noir avec peine.

« Tu sais la raison pour laquelle tu dois continuer d'écrire. Les gens n'allument pas. Quand ils lisent les histoires de gens éveillés, ceux qui paraissent s'être éveillés dans un instant ne voient pas comment ils y sont parvenus. Les gens ont besoin de savoir comment s'y rendre. Tu leur racontes ton parcours et tu leur raconteras comment tu es arrivée. Tu es encore apeurée et tu t'accroches aux mensonges de l'ego sur ton manque de valeur. C'est ton point faible.

Et l'ego l'exploite si bien. Garde cette question à l'esprit : comment un enfant de Dieu peut-il ne pas être digne de l'Amour de Dieu ? Quand l'ego vient faire dérailler ton esprit, répète-toi, autant de milliers de fois qu'il le faudra, quel enfant n'est pas digne de l'Amour de Dieu ?

« Tu vas revenir en présence de Dieu ; tu as tout simplement eu peur. C'est naturel dans ce processus. Tout le monde n'atteint pas l'éveil en un instant. Ce Cours existe pour ceux qui ne se sont pas réveillés instantanément. Sans cours et sans pratique systématique, les expériences passagères qui servent à renforcer votre progrès vous échapperaient. Vous ne resteriez pas sur la voie sans elle. L'éveil vous semblerait impossible. Continue d'avancer. Quand tu te seras rapprochée de la fin, tu vivras des moments de grâce de plus en plus longs. Ce sont ces moments qui rendront le voyage riche et satisfaisant. Ta force va s'accroître. Tu ne connaîtras plus aucun doute. Ta joie sera grande. Encore plus grande que celle d'hier lorsque tu as constaté que Dieu est dans ton esprit. C'est la vérité.

« Amuse-toi en écrivant. Quand tu penses que je suis trop sérieux et trop sévère, c'est faux. C'est une peur de l'ego. L'ego sait bien que je prends ton retour au sérieux et de cela, il a une énorme frousse. Demeure à mes côtés. Continue d'avancer. Tu écriras ce livre. Raconte ton histoire telle que tu l'as vécu. Il est important que les étudiants puissent comprendre comment faire ce voyage. C'est un voyage, et il n'est pas essentiel qu'il soit long ou difficile ou angoissant.

« Bien que tu pourras perdre confiance et que tu ressentiras encore de la peur, ta bonne volonté demeure forte et c'est d'elle que tu as le plus besoin. Tu as demandé de connaître le chemin du retour et il t'a été révélé. Je veux te guider tout au long de ton voyage. Laisse-moi te guider. Permets-toi tout simplement de ressentir les expériences en cours de route. Nous écrirons ensemble. Ne te préoccupe pas des livres. Laisse venir leur temps. »

J'ai ignoré la mention de « livres » au pluriel, car en publier un seul me paraissait déjà suffisant. Je dis à Jésus que je me sentais

14. Que Ta volonté soit faite

moins bien maintenant que j'étais de retour dans mon quotidien, à régler mes affaires, seule, dans ce monde in-signifiant. La présence de Dieu me manquait.

« À présent que tu es revenue dans ton quotidien, tu te rends compte que tu ne ressens plus ce que tu as ressenti lorsque tu étais en présence de Dieu. Maintenant tu le *ressens*. C'est ce que veut dire l'expression « ressentir les expériences ». Vois-tu ? »

J'avais compris. C'est l'expérience qu'il avait désirée pour moi. C'est ce que Lisa aussi avait dit. Il s'agissait de ressenti et pas de compréhension intellectuelle. Il avait désiré me voir ressentir davantage. J'ai compris. C'était ça, l'expérience. *Ne cherche que l'expérience*, nous dit-on dans le Cours. Cela faisait un an déjà que Lisa me disait combien j'étais bien embêtée d'être née encore une fois dans un corps, mais que je l'avais fait par amour pour Jésus. Ma mission avait été d'acquérir une connaissance de la douleur et de la peine, causées par la séparation du corps et de l'âme, pour ensuite partager l'histoire de mon retour au pur esprit. Je saisissais mieux maintenant ce que voulait dire trouver la grâce dans mon choix de venir ici. Encore une fois, ma vie avait atteint un autre niveau de signification, un qui était plein de sens. Ayant compris de quoi il s'agissait, j'ai commencé à me sentir mieux, et alors que l'espoir et la joie revenaient, un nouveau message m'est venu.

« Du point de vue de l'ego, tu redoutes d'accepter l'Amour de Dieu en poursuivant dans cette voie, tu crains de cesser d'exister, car oui, du point de vue de l'ego, cela est vrai. Le soi séparé cessera d'exister. Tu ne crois pas dans le fait que lorsque le soi séparé cessera d'exister, ton vrai Soi deviendra la vraie expression de ton être. C'est là où tu manques de confiance. C'est là que je demande, à toi ainsi qu'aux lecteurs de ces mots, de me faire confiance. Vous n'avez qu'à m'appeler et je serai avec vous. Faites-moi confiance pour vous aider à traverser le passage entre le soi séparé, faux et votre réalité de Soi véritable. Nous sommes ici maintenant. Voici la partie du voyage que tu es prête à vivre avec moi *maintenant*. Tu ne pourrais pas le faire par toi-même, car dorénavant, il n'y a plus de « par toi-même » sur ce plan d'existence. »

« Je suppose que c'est ce que tu voulais dire par un programme d'entraînement à développement lent ? » Je pensais alors au passage du Manuel pour enseignants, et cette pensée remplissait d'humilité la partie de mon esprit qui voulait tellement revenir au Ciel. Cependant, l'ego était très satisfait de la lenteur de mon progrès, car cela lui procurait encore des occasions de vivre la douleur, la souffrance, et la culpabilité faisant ainsi perdurer l'état de séparation en moi.

« Oui, tu avances rapidement maintenant, dois-je dire. »

« Merci, » ai-je répondu, reconnaissante d'avoir un enseignant toujours aussi gentil et qui m'encourageait et me soutenait autant. Bien que je ne le voyais pas en grand détail, je savais qu'il souriait, alors moi aussi, j'ai souri, sans doute au détriment de l'ego.

« Merci. »

« Je t'aime, » répondit-il.

Comment ne pas être en paix quand le soutien offert à moi était si patient, rempli de compréhension et d'amour ? Nous allions faire des allers-retours jusqu'à ce qu'il ne reste aucune peur, tant que le voyage durera, j'en étais certaine. J'abandonnerais l'analyse incessante et je m'ouvrirais à la confiance nécessaire pour terminer la route. *Que Ta Volonté soit faite.* Maintenant rassurée, j'ai déposé le magnétophone sur ma table de chevet et je me suis endormie sans problème.

La fin des paroles

Le temps pour les paroles est maintenant achevé. Bien que je dépose ma plume et que vous refermez ce livre, nous serons unis à jamais, frères et sœurs sur le chemin de l'éveil. Dans ce monde, nous partageons une fonction, celle d'utiliser le pouvoir que nous détenons de faire un choix différent et de faire l'expérience des effets de ce choix dans notre monde. Ensemble, avec notre Enseignant, nous

nous élevons au-dessus du champ de bataille et nous abandonnons les fausses perceptions qui obstruent la vérité, pour enfin voir avec la vision du pur esprit. Et si nous nous égarons momentanément, nous nous replaçons et nous continuons notre route.

Comme le retour se fait tous ensemble ou pas du tout, nous devons nous rappeler que chaque rencontre devient une sainte rencontre en choisissant le Saint-Esprit comme Enseignant et, au lieu de voir des différences, nous choisissons de nous joindre à nos frères et à nos sœurs. Chaque rencontre devient une occasion de nous unir, reflétant ainsi l'unité, notre véritable nature. La guérison débute ici. Nous avons beaucoup de travail à faire à présent et nous avons un grand nombre de frères et sœurs avec qui nous unir. Chaque union sera une occasion de voir le Divin dans l'autre et de l'accueillir en nous-mêmes. Chaque union révélera la vérité de notre unité tel que Dieu nous a créés. Chaque union nous permettra de connaître l'amour, cet héritage naturel.

Quelques mots de notre sage frère ainé

Soyez fidèles à votre voie, mais en même temps, prenez seulement ce qui vous est utile pour avancer. Soyez aussi respectueux de la voie de l'autre. N'essayez pas de comprendre la totalité d'un enseignement ; cela n'est pas nécessaire. Si le but de votre voie est de comprendre l'enseignement, l'enseignement aura failli à son objectif. À un moment donné, l'enseignement devient désuet et il devra être abandonné. Ce moment est souvent pénible et même effrayant. À ce stade-là, vous devez abandonner le contrôle sur votre voyage. Ceci demande de la foi. C'est le but véritable de tout bon enseignement spirituel. Le parcours de chaque élève est unique ; les expériences de chaque élève sont uniques. Ne tentez pas de reproduire les derniers pas d'un autre chercheur. Cherchez surtout à trouver la lumière qui réside à l'intérieur de vous pour que vos propres pas soient éclairés.

Soyez encore plus exigeants envers vous-même. Vous n'êtes pas « des étudiants du *Cours en miracles*, » et vos frères ne sont pas des

« non-étudiants du *Cours* ». Ne voyez aucune différence entre vos frères, vos sœurs et vous-mêmes. Vous êtes tous, sans exception, les Filles et les Fils de Dieu, saints, impeccables et bien-aimés, imaginant momentanément que vous pouvez être autrement. Oubliez ce monde, oubliez vos mal-perceptions. Cherchez seulement à ne connaître que la vérité. Joignez-vous à vos frères et sœurs et venez, les mains entièrement vides à votre Dieu.

Je vous aime tous.

Extincteurs d'urgence en cas d'éruption d'ego

Malgré qu'un simple « non » devrait suffire lorsque l'ego s'enflamme, étant implacable et de plus en plus rusé dans ses efforts pour nous distraire et garder notre attention captive, voici quelques interventions d'urgence supplémentaires à utiliser lors d'une perte de contrôle. Voici une liste de quelques-uns de mes extincteurs d'ego préférés ; je vous invite à y ajouter les vôtres.

- Dites-vous que Dieu vous aime, peu importe la situation, et que vous n'avez pas échoué parce que vous n'avez jamais quitté le Ciel. Il y a de bonnes chances que l'ego se manifeste avec quelques ripostes critiques, alors poursuivez avec le prochain point sur la liste.
- Demandez : Père, quelle est la vérité ici ? Et si cela ne fonctionne pas, continuez avec la liste.
- Pardonnez-vous. Si vous aviez su comment faire la toute première fois, vous ne vous trouveriez pas dans cette situation. Pas de souci.
- Lorsque l'ego s'enflamme, coupez-lui le courant et continuez.
- N'analysez surtout pas. Vous ne feriez qu'examiner une décision prise dans un moment où vous n'étiez pas sains d'esprit. Est-ce sensé ?
- Vous n'êtes pas l'ego ; l'ego n'est guère plus qu'une mauvaise habitude.
- Rappelez-vous que le grand patron c'est vous ! L'ego est un scénario fictif, mis en scène par l'enfant effrayé qui est, en réalité, l'aspect endormi de nous.
- Taisez-vous et appelez au secours.
- Taisez-vous encore et écoutez le conseil.
- Taisez-vous et attendez-vous à recevoir l'aide dont vous avez besoin.
- Bien que tout cela puisse s'avérer difficile au début, choisissez la paix, cette « kryptonite » de l'ego.

- Ne perdez pas de temps à regarder en arrière ; continuez d'avancer.
- Trouvez un loisir pour distraire votre esprit, quelque chose d'amusant, quelque chose qui soit plus important que d'analyser la dernière de vos bourdes.
- L'ego analyse tandis que le Saint-Esprit accepte.
- Rappelez-vous que votre frère ou votre sœur a, tout comme vous, peur de l'amour.
- Je ne suis jamais contrarié pour la raison que je pense.
- L'ego ment toujours ; il ne sert à rien de le raisonner.
- Inutile de ruminer ou d'essayer de comprendre les raisons d'une gaffe.
- Vous avez oublié votre entièreté pendant un moment parce que vous avez eu peur de l'amour.
- Un point c'est tout !
- Votre frère / sœur exprime un appel à l'amour. Si cela n'est pas suffisant pour vous motiver à choisir la paix alors, continuez au prochain point.
- Nous retournons chez nous ensemble, ou alors pas du tout. L'éveil se danse à deux.
- Choisir le miracle est une habitude. Elle défait la mauvaise habitude de croire les mensonges de l'ego.
- Au cas où vous n'auriez pas encore compris, continuez d'avancer.
- Faites une promenade, écoutez de la musique, savourez un ou quelques biscuits.
- Téléphonez à une amie ou à un membre de la famille et parlez de ce qui les concerne.
- N'en discutez ni en thérapie ni avec votre meilleur ami. Le but est de n'accorder aucune attention et éteindre encore une fois l'ego.
- L'ego s'épanouit et survit de l'attention que vous lui accordez.
- Souvenez-vous que votre véritable fonction est d'être la lumière pour vos frères et sœurs. Faites-le pour eux.

- Traitez toute personne et toute chose avec respect et dignité, car tout ce qui est devant vous est Dieu et Ses créations.
- Si vous n'arrivez pas à éteindre la flambée de l'ego, savourez-la, mais ne vous sentez surtout pas coupable. Concentrez-vous à ressentir la paix. Vous constaterez que la paix procure un état beaucoup plus agréable qu'une éruption égotique. La prochaine fois, ce sera évident.
- Dieu vous aime.
- À présent, avancez.

Un temps pour s'élever
Par Michael J. Miller

On dirait que tout espoir n'est pas perdu ;
Mort, Dieu est mort et il ne reste que le désespoir ;
Une coquille de vie vide.
Devant le vide, la fin,
Un ultime chuchotement accompagne le dernier souffle…
Vision d'un autre monde…
Le père appelle, de loin au début
Et une sensation arrive et grandit ;
Une volonté croissante
De s'abandonner à la grâce du Père.
Saviez-vous que Christ ne croise personne sans le reconnaître
Savez-vous qu'Il vous aime ?
Voici la parole de Dieu. Ainsi parle-t-Il.
Et les menteurs cesseront leur babillage ;
Ainsi sommes-nous éveillés.
Le faux soi est renoncé libérant la voie au Père.
Vous n'êtes pas l'ego. Cédons la voie au Saint-Esprit.
Je cesse de discuter. Je demeure tranquille.
De cette tranquillité je m'étends au-delà de moi-même et rejoins
la Sagesse Supérieure.
Pas la mienne, mais que Sa volonté soit faite.
Enchantés ravis et transformés.
Montrant les ténèbres à la lumière.
Le moment est propice pour s'élever,
Hors de notre mort apparente,
De s'éveiller en Dieu !
À quoi ressemblera le décès de la mort ?
Soyons un peu curieux.
Imaginer quelles teintes nouvelles apparaissent ;
Qu'est-ce qui devient enfin visible ?
N'avez-vous aucune curiosité ?

Que verrai-je et que serai-je,
Lorsque j'aurai renoncé à tous les blocages entre nous et la présence de l'Amour ?
Quand toute douleur et toute peur disparaissent
Que verra ma vision à l'éveil ?
Le processus est gradué.
Gentiment pris en main,
Nous posons nos pas vers le ciel, chacun d'eux nous en rapproche,
Chaque battement des cils,
Nous laisse entrevoir la gloire au-delà des peurs et des douleurs.
Pour quelles raisons flirtons-nous avec l'enfer
Alors que le ciel est à prendre
Peux-tu toujours te condamner ou condamner ton frère qui dans l'entièreté est en réalité toi-même,
Alors que tu peux être libre ?
L'Instant Saint est tout ce qui nous sépare de la Paix.
Je suis insane de l'ignorer en faveur de l'enfer !
Commencer le processus de l'éveil
Se déposer
Connaître ce qu'est Dieu.
Rien à craindre…

Bibliographie et Ressources

Les références à *Un cours en miracles* (le Cours) correspondent au système de numérotation du texte (T), Livre d'exercices pour étudiants (L), Manuel pour enseignants (M) et Clarification des termes (C). Par exemple :

T-27.VIII.6:2–5 : Texte, 27, section VIII, paragraphe 6, phrases 2 à 5.
L-pI.132.5:1–3 : Livre d'exercices, première partie, leçon 132, paragraphe 5, phrases 1 à 3.
M-16.4:6 : Manuel pour enseignants, question 16, paragraphe 4, phrase 6.
C-3.4:1 : Clarification des termes, terme 3, paragraphe 4, phrase 1.

Edward, Pauline. *Leaving the Desert: Embracing the Simplicity of A Course in Miracles*. Montréal, Canada: Desert Lily Publications, 2010.

———. *Making Peace with God: The Journey of a Course in Miracles Student*. Montréal, Canada: Desert Lily Publications, 2009.

Lawrence, Brother. *The Practice of the Presence of God and the Spiritual Maxims*. Mineola, NY: Dover Publications, Inc., 2005.

Marchand, Alexander. *The Universe Is a Dream: The Secrets of Existence Revealed*. Tallahassee, FL: Inspired Arts Press, 2010.

Osborne, Arthur. *Ramana Maharshi and the Path of Self-Knowledge*. London, U.K.: Rider and Company, 1970.

Renard, Gary R. *The Disappearance of the Universe: Straight Talk about Illusions, Past Lives, Religion, Sex, Politics and the Miracles of Forgiveness*. Carlsbad, CA: Hay House, Inc., 2004.

Tuttle, Paul Norman. *Graduation: The End of Illusions*. The Northwest Foundation for *A Course in Miracles*, 1991.

———. *You are the Answer: A Journey of Awakening*. The Northwest Foundation for *A Course in Miracles*, 1985.

Wapnick, Ph.D., Kenneth. *Forgiveness and Jesus: The Meeting Place of A Course in Miracles and Christianity*. Temecula, CA: The Foundation for *A Course in Miracles*, 1994.

———. *The Message of A Course in Miracles, Volumes One and Two*. Temecula, CA: The Foundation for *A Course in Miracles*, 1997.

Notes sur la traduction

En raison de son sujet bien particulier inspiré d'*Un cours en miracles*, et de l'intimité du style de journal personnel, la traduction de *Choosing the Miracle* nécessitait une certaine latitude dans le choix de terminologie et de style. Afin que le lecteur puisse plus facilement se reporter au *Cours en miracles*, nous avons utilisé les termes de la traduction française du Cours.

atonement / expiation
false perception / perception fausse
home / se référant au retour au Royaume des Cieux : le Ciel, chez-nous, la demeure
insane / in-sane, ou insensé
sanity / santé d'esprit
Oneness / une parfaite Unité
meaningless, meaninglessness / insignifiante, insignifiance
mind / esprit, pur esprit, ayant le pouvoir décisionnel
misperceptions / mal-perceptions
sinfulness / peccabilité
sinlessness / impeccabilité
spirit / pur-esprit
specialness / particularité
right mind / esprit juste
wholeness / entièreté
wrong mind / esprit faux

À propos de l'auteure

Pauline Edward (Québec, Canada) est astrologue et numérologue, conférencière, coach et auteure de nombreux livres. Fondatrice de A Time for Success, une entreprise de consultation en planification, elle a remporté le prestigieux prix Accolades de la Chambre de commerce de l'Ouest-de-l'Ile de Montréal pour l'excellence en affaires. Elle travaille avec des clients à travers le monde entier.

AUSSI PAR PAULINE EDWARD

Spiritualité / Un cours en miracles

   The Movement of Being

   Choosing the Miracle

   Leaving the Desert: Embracing the Simplicity of A Course in Miracles

   Making Peace with God: The Journey of a Course in Miracles Student

Astrologie et numérologie

   Astrological Crosses: Exploring the Cardinal, Fixed and Mutable Modes

   The Power of Time: Understanding the Cycles of Your Life's Path

   L'Hermès: Dictionnaire des correspondances symboliques, avec Marc Bériault and Axel Harvey

Roman

   Wings of the Soul

www.ingramcontent.com/pod-product-compliance
Lightning Source LLC
Chambersburg PA
CBHW052025070526
44584CB00016B/1898